自殺帳

春日武彦

晶文社

装丁　寄藤文平＋垣内晴（文平銀座）
編集　小村琢磨（スナメリ舎）

目次

はじめに 007
はじめに(別ヴァージョン) 011
第一章　胃の粘膜 017
第二章　石鹸体験 045
第三章　登場人物を自殺させる 063
第四章　遺書のリアル 087
第五章　自殺の七つの型―1　美学・哲学に殉じた自殺 111
第六章　自殺の七つの型―2　虚無の果てに生ずる自殺 139

第七章　自殺の七つの型―3　気の迷いや衝動としての自殺……163
※フィロバット philobat のこと／※事故傾性 accident proneness のこと／
※死の欲動 Todestrieb のこと／※群発自殺 suicide cluster のこと
第八章　自殺の七つの型―4　懊悩の究極としての自殺……187
※究極とは何か／※固執と精神的視野狭窄について／※ゴキブリ責めのこと／
※情死のこと／※国立《くにたち》三社長心中事件について考える／※自殺テンプレートについて
第九章　自殺の七つの型―5　命と引き換えのメッセージとしての自殺……213
第十章　自殺の七つの型―6　完璧な逃亡としての自殺……255
第十一章　自殺の七つの型―7　精神疾患ないしは異常な精神状態による自殺……287
第十二章　漆黒のコアラ……321
おわりに……336

はじめに

自殺という言葉は、多かれ少なかれわたしたちの心をざわつかせる。ことに自分と近い間柄の人物が自殺を遂げたとなれば、我々は身を硬くせざるを得ない。その生々しさと禍々しさとに圧倒される。

死とはこれほど呆気ないものであったのかと驚かされる。抽象的なものであった筈の「死」が、五百円玉や三色ボールペンや洗濯ばさみや歯ブラシと同じようにごく身近な存在であることを思い知らされる。自殺という言葉には、残されたわたしたちを告発するような、あるいは揶揄したり居心地を悪くさせるような響きがある。そして自殺には、究極の孤独とでも称すべき寂寥感と不安感とが付与されている。

高校生の頃、友人が自作の短歌を見せてくれた。今でも記憶している。

ただひとり紙切り鋏を動かす日 チャキチャキチャキチャキとピエロ出づる

短歌業界においてどれ程の評価をされる作品なのかは分からない。だがその友人がいつの間にかこうした創作活動に足を踏み入れていたことにわたしは動揺した。こんなことを考えていたのか、こんな才能を持っていたのか、いったい何が彼をこうした活動へと駆り立てたのか——そんなことを思ってみずにはいられなかった。

もしかすると、「え、あいつがこんなことをしていたのか」という素朴な驚きは、「え、あいつが自殺した？」という当惑と気分的にどこか通底している気がしないでもない。いや、そうした感情が惹起される場合があるからこそ、往々にして青春は自殺と親和性が高いような気すらするのだ。

真っ白な紙から切り出されるピエロは、思春期特有の自己憐憫や自嘲癖、あるいは自殺へのベクトルを秘めた絶望感そのものだったのかもしれない。短歌を詠んだ友人は今でも（たぶん）生きている筈だが、彼は大学を卒業する頃には（寺山修司ふうの）短歌に関心を失っていた。ある意味でそれは健全な変化であったように思えてしまう。

ところで自殺という行為は、公園の近くの自販機に缶コーヒーでも買いに行くような調子で呆気なく遂行されてしまう場合がある。他方、心中を図って相手は死に至ったにもかかわらず、もう一人は「どうしても死にきれなかった」と醜態を曝す場合がある。その気になりさえすれば人は簡単に死ねるものなのか、少しでも迷いがあれば失敗してしまうものなのか、さもなければ生と死を隔てる壁にはときおり無防備に開けっ放しとなる門が設けられているだけなのか。

そんなことすら我々には分からない。然るべき動機があれば人は自殺が可能になるのか。動機なんかなくとも、気まぐれに自殺を遂げることは可能なのか。自殺へまっしぐらの精神的なドミノ倒しを引き起こすような遺伝子がわたしたちのＤＮＡには隠されているのか。

世界でもっともくだらない自殺の理由は何であろうかと考えてみることがある。人前でうっかり放屁してしまったことか。髪が薄くなったことか。レストランで食事を済ませたあとで財布を忘れたことに気付いた体験か。足を滑らせ、人混みで尻餅をついた出来事か。いくらでも、愚にもつかない理由が浮かんでくる。そして最後には、生きていること自体が理由であるといった禅問答めいた結論に行き着いてしまう。どんな角度から攻めてみようとも、自殺は不可解なままわたしたちを嘲笑する。

わたしはこの本で少しばかり自殺について考察を巡らせてみたい。それが無益な試みであろうことは分かっている。しかし自殺に嘲笑され翻弄されるばかりでは面白くない。こちらから自殺を弄んでやるくらいの態度で向き合ってみるのもひとつの作戦ではないのか。

そんなことを念頭に置きながら、不謹慎な要素の混入を承知のうえで執筆を開始したい。意図を汲んでいただければ幸いである。

※実は、わたしは二種類の前書きを作成した。本書を書き始める前と、なぜか錯覚を起こして全体のちょうど半分あたりであらたに書き記した「別の前書き」である。本文を綴り終えてから、さて冒頭にはどちらを採用しようかと迷った。ニュアンスにおいて双方には違いがある。せっかくだから、両方を載せることにした。こうして「はじめに」が二つあるという前代未聞の書物が誕生することになった。双頭の幻獣にも似た書物である。

はじめに（別ヴァージョン）

本書のテーマは「自殺」である。通常、自殺を論じる文章は「自殺はよろしくない」「でも自殺せざるを得なかった人の辛さに思いを巡らせるのも大切」「残された人たちの心のケアも重要」「あなたの命は決してあなただけのものではない」「自殺のない世の中を目指したい」といった論調が、いわば必須の条件として織り込まれている。それが人間としての礼節であり思いやりであろう。当然の話だ。

だが、そうした論調ばかりを過剰に意識すると、無難で退屈でしかも何の役にも立たない文章しか生まれてこない。「他人には優しく、うつ病が疑われたら早めに精神科へ」程度の結論しか出てこない。象は鼻が長いと言っているのと変わらない。真剣な顔をして「象は鼻が長い」と重々しく述べられても、かえって誠実さを疑いたくなる。

人間という生き物は、まことに「ロクでもない」存在だ。自殺に対して真摯な気分に囚われるいっぽう、下世話な好奇心やゲスな興味も湧いてくる。わたしは人間の特性のひとつとして、「矛盾した考えをふたつ同時に心の中に持つ事ができる」という現象を挙げたい。それは恥ずべきことでもないし、鬼畜の証でもない。同情しつつも詮索好きな気持が頭を擡げてきたり、憎みつつも愛情に近い心情を抱いたり、善人として振る舞いつつも他人の不幸を蜜として味わうのは、ちっともおかしくない。むしろそうした矛盾を否定し、強引に首尾一貫を自分に課そうとするとき、ヒトは気が狂う。

というわけで、この著作では我々が自殺に対して（腹の底でひそかに）感じたり思う「ろくでもない」部分に重点を置いて筆を進めていく。自殺に対するシリアスで真面目な意見を今さらながらに掲げてそれをアリバイとする気はない。したがって不謹慎だとか不真面目などと非難をするのが好きな人は、ここまで読んだ時点でそれ以上読み進めるのを中止していただけると有り難い。そのような皆さんに好餌を提供すべく文章を綴っているわけではないので。また、露悪的だったり確信犯的に反道徳的な文章を目指しているわけでもないので、そういった期待もしないでいただきたい。

率直に申して、自殺はまことにヘヴィーかつ痛ましい事象であると同時に、「その不可解さがもはや珍味と化している事案」だと思っている。自分のことが分からないのと、自殺に至る精神の動きが分からないのとは、ほぼ同じ文脈にある。自分が今後絶対に自殺をしないと断言することは不可能だし、自殺せざるを得なくなるような理由ないし状況というものを常識の範囲内でしか想像しかねる我々にとって、自分と自殺との関係性など論じようもあるまい。

悲しみや怒りや不満や退屈の延長に自殺はあるのだろうか。小説や映画などの「物語」において、しばしば自殺は筋書きをコントロールする上で便利至極なエピソードとして重用される。それを不自然とかご都合主義と感じる場合が案外少ないのは、つまり自殺をある種の必然と思っているからではないのか。あるいは、もしかすると人生とは神の描いたストーリーに準じたものと捉えているからではないのか。この世界には自殺に魅入られた人々が確実に存在するが、彼らが一定数存在してこそ人間界として「自然な」状態であるのか。自殺が生存本能と矛盾することからすると、やはり自殺は狂気の沙汰なのか。

強引に言い切ってしまうなら、人間そのものに対する「分からなさ」が身も蓋もない突飛な形で現出しているのがすなわち自殺ということになろう。その突飛さを前にして、動揺した我々は、(情けないことに)つい「ゲスの勘ぐり」やら下品な好奇心至上主義を全開にせねばいられなくなることが稀ではない。悼んだり悲しむと同時に、無意識のうちにそんな方向に走ってしまう。だから「その不可解さがもはや珍味と化している事案」と表現してみても、あながち的外れではあるまい。

そんな次第で自殺に関して思うこと、感じること、精神科医としての意見、文学的関心などをだらだらと書き連ねていきたい。もっとも、それが正鵠を射た内容であるのか否かは、自殺を遂げた当人ですらはっきりとはしないであろうけれど。

自殺帳

第一章

胃の粘膜

自殺に前兆はあるのだろうか。妙にふさぎ込むとか、思い詰めたように部屋を片付けはじめるとか、大切にしていた品物を親しい人たちに突然分け与えたがるとか、いきなり思い出の場所を訪れてみるとか、あとから考えてみれば納得のいくような様子が出現しがちなのだろうか。

精神科医として外来や病棟で直接担当してきた患者のうち、自殺を遂げた人は二十名を越える。そうした人々のうち、記憶をいくら探ってみても、いわゆる前兆らしきものを示した者はいない。不意に見知らぬ世界へ旅立ってしまった。わたしは死を知らされて困惑するばかりであった。

だが一人だけ、あれは（もしかしたら）自殺のサインだったのだろうかと思わせる状態を見せた青年がいた。

名を隆太としておく。年齢は二十代後半、もう三十に近かった。小太りで身長は百六十五センチくらい。短めの髪は癖毛で、色白の顔には黒子が四つある。目も口も小さい。腹が出て重心が前に傾きがちで、それとバランスを取るためなのかいつも背を反らし気味にしており、その姿勢で顎を引いて相手を見る。すると、どことなく「上から目線」めいた尊大な態度に映り、しかも体型とは裏腹の甲高い声が微妙に人を苛つかせるのだった。丈が少々足りないジーパンと深い緑色のセーターが、お気に入りの服装であった。

隆太は母との二人暮らしである。母親は肝炎を患って働きに出られず、生活保護を受けていた。隆太も働いていない。生まれてから一円も稼いだことはなかった。中学を出てからずっと引きこもりである。中学時代も不登校であった。

母の鈴江は、オルゴールの仕掛けられた白い箱に「花の絵」を描く内職をときどき請け負うと語っていた。

「今は体調が悪いので花を描く仕事はほとんどできませんけど、肝臓が良くなりましたら月に百万円近くは稼げる筈ですの」

いささか信じ難かったが、わたしは感心した表情を浮かべておいたのだった。

もう十年以上、隆太は引きこもっている勘定になる。自室に籠城しているわけではなく、たまに買い物に出たりすることもある。散髪にも行く。パチンコやゲームセンターには行かず、家でだらだら過ごしているだけであった（当時はまだ、ネットは普及していなかった）。ゲームへの関心も薄いようだった）。将来の目標はなく、人生にことさら危機感を抱いている気配はない。母が病気で死ぬような場面すら想定していない。友人はゼロだった。

もちろん童貞である（わたしが直接問い質したら、恥ずかしそうに頷いた）。

いわゆる母子密着なのだ。鈴江は息子によく似た小太りで、いつも毛糸の帽子を被っている。さすがに息子のセーターとお揃いの深緑色ではなく、紫と黄色の幾何学模様の帽子であった。赤いフレームの眼鏡を掛け、右の「つる」の途中はセロテープをぐるぐる巻いて補修してあった。レンズは汚れて曇り、肌の色は不健康に黒ずんでいる。

「夫は、熱帯魚を輸入する会社に勤めていました。優秀だったんですけど、酒癖が悪くて。おまけに若い女の事務員にそそのかされて会社の金を使い込みました。告訴されて実刑判決を受け、その時点で離婚しました。息子に悪い影響があるといけませんから。

ええ、もちろん隆太は父が犯罪に手を染めたことは知っています。それを反面教師として育ってくれたので安心はしていますけど」

父の活動的な部分をも反転させて、引きこもりになってしまったということだろうか。

隆太は酒を好まない。煙草も吸わない。珈琲も飲まず、本人いわく「僕は紅茶にうるさいんです」。しかし実際にはコンビニで買ったティーバッグを愛飲しているだけである。お気に入りのティーカップがあり、必ずそれを使う。しかも紅茶と一緒に森永チョイス・ビスケットを食べるのが至福の時と断言する。上体をふんぞり返らせながら、隆太はそれを得意げに語る。「最高なんですよ。ご存知ですか」。何だか彼の言い方には、癇に障るところがあるのだった。

なぜ隆太は入院に至ったのか。人畜無害の態で母と静かに暮らし、あまつさえ優雅に紅茶を嗜んでいた筈なのに。

いわゆる反抗期を示したことはなかったという。素直で優しい子というのが母の評価である。優し過ぎて世間に適応しきれなくなってしまった、と。

家庭内暴力もなかったし、「こんな家、出て行ってやる！」と啖呵を切ることもなかった。性欲が鬱積して苛立つ、なんてこともなかったらしい（母・鈴江の視点によれば）。とはいうものの、彼は白い水着に強い執着があり、白い水着姿のアイドルたちのグラビア――その切り抜きを熱心に集めていた。アイドルと呼ばれるだけの可愛ささえあれば誰でも構わなかった、白い水着ならば。それが隆太のマスターベーションの材料になっていた。わたしはそういったことを結構あけすけに尋ね、渋々ながら彼は診察室で声をひそめて教えてくれたのだった。

白い水着には何らかの象徴的意味合いがあるのか、それはわたしにも分からない。もちろん「こじつけ」はいくらでもできるが、そんなことをしても不毛なだけだろう。

十一月十二日の夕方、隆太は一人でコンビニへ行った。家を出た際の様子は普段と変わりがなかった。ジャンクフードと雑誌を買い、レジに立った。

この時点で何かが隆太の感情を刺激したらしい。彼は唐突に激怒した。店員の女性（アルバイトの美大生）が隆太を小馬鹿にし、失礼な態度を取ったということだがその詳細ははっきりせずに終わってしまった（語ろうとするたびに隆太は自制出来なくなってしまうからだった）。彼女の普段の勤務態度からは、そんな無礼な振る舞いをするような人物ではないと誰もが口を揃えて証言する。だが、少なくとも隆太はアルバイトの彼女を許せないと思った。絶対に。

大声で喚き散らし、店長が割って入ろうとした。でも隆太の怒りは収まらない。彼の甲高い声が店内に響き渡る。客たちが好奇心半分にレジを遠巻きにする。隆太は意に介しない。それどころか握りしめていた釣り銭を、彼女へ向かって節分の豆撒きのように投げつけた。その時点で店長は電話を使って警察を呼んだ。目と鼻の先にある交番から巡査が臨場し、彼を店から引きずり出した。交番で折り畳みのスチール椅子に座らされた時にもなお、隆太は「被害者は僕なんです！」と興奮していた。

母が呼ばれ、コンビニは以後出入り禁止ということで彼は家に帰された。鈴江が姿を見せてからは、隆太は一言も口を利かなくなってしまった。夕食も食べず、そのまま自室の布団に潜り込んでしまった。鈴江もその日は体調がいまひとつだったので、あえて息子にあれこれ言うことはしなかった。

夜中になってから、隆太はむっくりと起き上がった。冷たい炭酸飲料を飲もうと暗い台所へ移動した。冷蔵庫を開け、すると中から溢れ出る青白い光に腕が染まる。それを目にした途端、コンビニの女店員の姿——いや、もっと正確に言うなら彼女の腕が、ありありと脳裏に浮かんだ。薄く静脈の透けて見える彼女の腕が。

それがスイッチの役割を果たしたかのように、隆太は再び激しい興奮状態へ突入した。絶叫が始まる。彼と母親は公団住宅の三階に住んでいたが、台所の窓を大きく開けてそこから次々に食器や時計や缶や瓶を外へ投げ落とし始めた。さながら気球の高度が下がってきたことに慌てて、乗員が手当たり次第に物を投げ捨てて浮上を図ろうとしているかのように。

ちょうど窓の下を老人が通り掛かった。深夜なのに、犬を散歩させていた。その老人の肩を、酢を詰めた瓶が直撃した。老人は崩れるように倒れ、いっぽう薄情な犬は主人の危機など意に介すことなく、これ幸いとばかりに鎖を地面に引きずったまま一目散に闇の向こうへ走り去った。割れた瓶が地面に転がり、夜気に酢の刺激臭が漂う。騒ぎに気付いて窓から顔を出した住民が何名もいて、当然のことながら誰かが警察へ通報した。結果として、またしても交番から巡査が自転車で駆けつけた。

既に、老人を介抱してくれている親切な人がいた。ご丁寧に救急車まで呼んでくれていたので怪我人はそちらへ任せることとし、巡査は公団住宅の階段を一気に駆け上がった。老人の傍らから頭上を見上げたときに、三階の窓が大きく開け放たれているのが分かり、不穏な人影も目に入ったからである。三階に達した巡査が右に曲がると、鈴江が寝間着姿のままドアの外に閉め出され、共用の廊下でおろおろしている。息子の行動を止めようとしたら、家から追い出されてしまったという。

「警察だ、ドアを開けなさい」。威圧的にドアを叩いても鍵を開けないので、仕方なく巡査は隣家からベランダ伝いに侵入してガラスを割り、土足のまま室内で隆太を保護した。今度は老人が怪我を負っていることもあり、地元の警察署へ連行した。

パトロールカーで署まで連れて行かれる間に、騒ぎ続けていた隆太は急に静かになった。薄笑いを浮かべたまま、目が焦点を結んでいない。身体がくねくねと力が抜けた具合になり、警官が二人がかりで抱えるようにしてやっと取調室まで運んだが、椅子に座らせても次第にずり落ちてしまう。放置された腹話術人形のようであった。これでは会話が成立しないし、もしかしたら何かの病気かもしれない。取調中に急死なんてことがあったら、それこそ警察が世間から指弾されてしまいかねない。

警察署から今度は救急車で救急病院へ搬送された。検査を受けるも身体的には問題がない。これまでの経緯を考え合わせると精神科領域の問題であろうと救急医は判断した。診療情報提供書を作成し、精神科での入院治療が必要と思われると文章を結んだ。こうして隆太は精神科病院へ入院となった。本人は亜昏迷状態ゆえ、母親の同意のもとに医療保護入院となったのである。

入院後は拘束帯でベッドに抑制され、点滴をつながれて昏々と眠り続けた。目を醒ましたのは翌日の昼近くで、そのときには拭い去ったように興奮は消失していた。拘束帯でベッドに縛り付けられているのに気付き、あのどこか他人を苛立たせる口調で、

「あれれ、これは……うーん、驚愕ですね」

驚愕などという妙に持って回った言葉——これこそが、隆太が目覚めてからの第一声で

あった。

精神科急性期病棟の医師（わたしではない）は診断を心因反応とし、基盤には性格の偏りがあると考えた。まあそのあたりが妥当な見立てであろう。では落ち着きを取り戻した現在、隆太をどうすべきか。興奮がなくなったのだからそのまま退院させるといった考えがあろう。しかしそれでは今後も似たようなエピソードが繰り返されるかもしれない。もっと踏み込んだ対応をすべきではないのか。

母子密着や長期にわたる引きこもりは、やはり正常から逸脱している。少なくとも隆太にとって現状維持は取りも直さず社会からの落ちこぼれを意味する。今現在は、彼の人生に介入して修正を図らせるレアなチャンスといえるだろう。だから今回の入院を社会復帰の第一段階にしよう。そのように急性期病棟の医師と話し合い、わたしが担当を引き継ぐことになった。余計なお節介ではないかと異論を唱える向きもあろう。引きこもろうがニートだろうが本人の勝手じゃないか、と。しかし隆太も鈴江も実際のところ適切な判断力を備えているとは言い難い。そして二人で小宇宙に逼塞している。それを心情的に見過ごせなかったのである、当時のわたしは。

まずは開放病棟に移し、母子分離の地ならしを図る。隆太自身も、騒ぎを起こした気まずさもあり、しばらくは開放病棟で生活しながらデイケアに参加してみる方向性に同意した。入院形態は強制入院のひとつである医療保護入院から、本人の納得のもとに入院する任意入院へと切り替えた。母の鈴江は、一刻も早く息子を引き取りたがったが、そんなことをしたら元の木阿弥である。自宅を離れての生活が重要であるとわたしが言葉を重ねて説得した挙げ句、鈴江は恨めしそうな表情を浮かべつつ承諾をした。

こうして隆太は集団生活に放り込まれた。彼と同世代の入院患者（統合失調症もいれば、うつ病や強迫性障害の患者もいた）が数名、同じ病棟にはいた。デイケアでは、女性や外来通院の患者もいる。カルチャーショックにも似た体験を三十歳近くになって彼は味わうことになったのだった。

予想はしていたことだが、隆太の「どこか他人を微妙に苛立たせる」オーラは、確実に周囲へ影響を与えつつあった。彼がことさら失礼なことを言ったり、非常識な振る舞いに及ぶわけではない。でも彼には他人に嫌われる要素が確実に備わっていた。当時、講談社ノベルスで京極夏彦がデビューし、さらに数作が出て評判になっていた。ことにどの作品もびっくりする位に分厚い本であるのが話題になっていた。隆太にそんな京極の本を読んだことがあるかと尋ねてみた。今度買おうと思っていますと言いながら、いつまで経っても買う気配がない。やがてある日、わたしにこんな事を言う。

「京極夏彦の本って、手に取ったことがありますか」

「ああ、最初から全部読んでるよ」

「あの作者の本、実はすごい特徴があるんです」

「すごい、ってどんな?」

「こうやって本を机の上に置きますとね――」

「置くと?」

「何と――　立つんですよ!　煉瓦みたいに」

「…………」

隆太は「何と」と言ってからさも勿体ぶったように沈黙し、それから少々声を低く太くして浪曲師さながら「立つんですよ!　煉瓦みたいに」と芝居がかって言ったのであった。読んだことがあると明言しているわたしに向かって、わざわざそんなことを一大事のように言うのである。しかも京極本は、既に世間でレンガ本だとかサイコロ本と称されていた。ピントがずれているというよりは、効果を期してわざわざ声のトーンを低めるような「あざとさ」が前面に出て、もうそれ以上隆太とは口を利きたくない気分にさせられる。お前、ナメてんのかよと言いたくなるのである。どうしてそんな当たり前のことをわざわざオレに向かって偉そうに言うんだよ。

当時、マラソン・ランナーの有森裕子がゴールインしてから「自分で自分をほめてあげたい」と言ったのが流行語になっていたが、デイケアでミーティングの際にこの台詞が話題に上ったら、隆太は「自分を甘やかしているように聞こえるなあ」と例の尊大な姿勢で感想を洩らした。これにはデイケアの全員が強く反発し、じゃあお前は何を努力しているんだよと総スカンを食らったのだった。しかもそのことに彼は弁解もしなければ気まずそうな態度も示さず、「そういうことですよ、うん」などと言ったので彼はますます嫌われ者になってしまったのであった。

隆太は鈍感・無神経・鉄面皮であるように思われがちであったが、実際には傷つきやすい青年であった。世の中とチューニングが上手く合わせられなかったのが、誤解を招いた原因だろう（あの時代には臨床の現場で発達障害の概念はほとんど取り沙汰されていなかったけれど、今にしてみればそのような要素もいくらか彼にはあったのかもしれない）。ある日、外出して熊のプーさんの小さなヌイグルミを買ってきたとわたしに語ったことがある。

「あのヌイグルミの柔らかさって独特なんです。嫌なことも全部受け止めて勢いを吸収してくれそうな柔らかさなんです」

「じゃあ、君にとってのお守りになりそうだね」

「百個くらいあれば、そうでしょうね」

「百個ねえ。うーん、百匹と言うほうが正しいのかな……」

「先生って結構真面目なんですね」

「え？」


母親の鈴江は、頻回に病院を訪ねてきた。着換えや雑誌を携え、息子との面会を要求する。わたしはその都度、今は会うことを控えて距離を置くようにしてくれと諭すのだった。隆太のほうは、母と離れていることで清々しているようにも見えた。

だが現実には、隆太の内面は予想以上に追い詰められていた。病棟でもデイケアでも、周囲との溝は深いものになりつつあった。言動の無神経さは、むしろ増強していた。他人との直接的な衝突はなかったものの、空気がぎくしゃくしている。年末に近い金曜日、プーさんのヌイグルミはゴミ箱に棄てられていた。寒々とした眺めであった。ゴミ箱の件で彼に問い質してみると、シニカルな調子で呟くのだった。

「あんな子ども騙し、持っているだけで馬鹿にされますよ」

担当看護師のS（四十歳の男性）が兄貴的なスタンスで丹念にアプローチしていたが、ちっとも関係性が深まらないと嘆いていた。


さて問題の晩について語らなければならない。その夜、わたしは当直をしていた。あと一週間で年の終わりだった。回診を終え、病棟の診察室でカルテ（当時はまだ紙のカルテだった）のチェックをしていた。消灯時間は過ぎている。

不意に、隆太が半開きのドアから入ってきた。照明はデスクの上の電気スタンドだけだったので、彼の顔は闇に溶け込んでいる。でもなぜか雰囲気だけで隆太と分かった。

「あの、先生……」

「うん？」

「ちょっと診ていただけませんか。顔が変に……」

隆太の顔が、電気スタンドの作り出す光の領域に突き出された。それを見て、わたしは息を呑んだ。

真っ先に思い浮かべたのは、胃の粘膜だった。胃の内壁には、蠕動運動によって皺が生じる。胃粘膜の広がりが、うねうねした皺曲を形作るわけである。それに似た変化が、隆太の顔に顕れていた。顔の皮膚のあちこちが不規則な線状に太く隆起し、それが胃の粘膜みたいな生々しさを感じさせる。うつ伏せに寝ると、顔にシーツの皺がくっきりと転写されることがあるが、それとは違う。むしろ蕁麻疹の膨隆に近いが、発赤はない。顔そのものに蠕動運動が生じているとしか見えなかった。

「痒いとか、痛いとか？」

「いえ、何の感覚もないです」

「蕁麻疹じゃないよね」

「まさか」

「すまん、ちょっと分からないなあ。明日の様子次第でとりあえず皮膚科に紹介するから、とにかく今夜は休んで下さい」

「顔が……」

もともと無表情に近い隆太の顔に、蠕動運動さながらの「うねうね」が生じている。もちろんそれが動くわけではない。光の加減で陰影が強調され、何だか取り返しのつかない変化が顔面に生じているように見えた。グロテスクであった。

隆太はベッドに戻った。たった今目にしたものに、わたしは現実感を覚えられなかった。いったいあれは何だったのだろう。彼もわたしも何か錯覚を起こしていたのではなかったのか。もしも顔の皮膚の下に何匹ものミミズみたいな生物が這い込んだら、あんなふうに見えるかもしれない。でもそれだったら、痒みや痛みが生じないだろうか。

彼が立ち去った今、わたしは軽く腹を立てていた。隆太に対してなのか、それとも自分に対してなのかは判然としないが、訳の分からぬ訴えを持ち込みやがってと苛立っていた。その苛立ちには、得体の知れぬ皮膚の変化に対する恐れや無力感、生理的な不快感、漠然とした不吉さなどが含まれていた筈だ。


翌朝。晴れて寒い日であった。

当直ナースが騒いでいた。隆太が見当たらない。昨夜、無断離院したらしい。靴がないし、リュックが消え失せている。財布も見当たらない。服や下着は新しいものに着換えていったようだ。数日前にトランプを一組購入し、〈独り占い〉に凝っていたようだったが、そのトランプも見当たらない。それ以外は、何がなくなっているかは分からない。書き置きの類もない。だが、どう考えても、自ら病院を立ち去ったとしか思えない。

それを聞かされて、わたしは当惑した。隆太は、顔に奇妙な「うねうね」を生じさせたまま病院の外へ出ていったのだろうか、と。だが昨夜のあの顔の病変を思い浮かべてみると、いったいあれは本当のことだったのかと信じられなくなってくる。実際に彼と向き合っていたときでさえ、非現実的な感覚に囚われていたのだ。それにしても、急に隆太が病院から姿を消す理由は顔面の隆起に由来しているのだろうか。むしろ外で不特定多数の人間に顔を見られることを忌避するのではないのか。それとも、わたしに素っ気ない態度を取られたのが、想像以上に彼に絶望感をもたらしたのだろうか。

可能性としては、家に帰ったと考えるのが妥当だろう。だがあの母親に「息子さん、そちらへお戻りになっていないでしょうか」と問い合わせたら、たちまち管理責任だの医療体制の不備だの、面倒な事を言ってくるに違いない。考えただけでうんざりする。とりあえず昼まで待ち、それでも動向が摑めないようだったら母親に電話することにした。

昼になっても隆太の行方は分からない。しぶしぶ鈴江の家に電話してみたが、何度掛け直しても留守である。困ったような、でも一時的にでも面倒を避けられ安堵した気分になったりで、夕方に掛け直すことにした。当直明けなのでいったんわたしは帰宅し、しばらく寝てから自宅で電話をしてみることにした。

　自宅へ帰ってベッドにもぐり込み、三時間ばかり眠り、それからシャワーを浴びてコーヒーを淹れた。妻は仕事で遅くなるし、子どもはいないので家にはわたし独りである。妻が買ってきた正月用の小さな注連飾りが、台所のテーブルに置かれている。その注連飾りを眺めながら、まず病院に電話を入れた。やはり隆太は行方不明のままで、病棟の患者やデイケアのメンバーに尋ねてみても、無断離院の心当たりはないという。コーヒーカップを持ったまま溜め息を吐き、それから隆太の母に電話をした。今度は在宅していた。こちらの名前を口にした途端、彼女の声が固くなった。

　隆太が姿を消したがそちらへ戻っていないだろうかと、淡々と尋ねた。鈴江は、「まさか！」と不快そうに応じる。彼が行きそうな心当たりがあったら確認し、もし見つかったら教えてほしい、こちらも隆太の帰院を待ち、明日の朝になっても戻らないようだったら警察に捜索願を出しますと伝えた。現在の彼は強制入院にはなっていないので、本人の意志で勝手に病院を立ち去ってもそれについて当方が責任を負う必要がないのが道理である。でも精神に不安定さを抱えた人物を預かっていたわけだから、こちらに落ち度がなかったと言い募るわけにはいかない。鈴江は怒ったり咎めたりせず、いやに淡泊に「ああ。そうですか」と抑揚なく応じて電話を切った。

結局、翌朝に隆太の捜索願を出すことになった。捜索願を出したからといって、警察が熱心に捜してくれるわけではない。身元不明の死体が出た場合に照合をしてくれるだけである。したがって隆太がどこかで自殺を図り、あるいは事故死や病死で死体がちゃんと見つかれば警察から連絡が来るというだけの話である。その時点で、わたしは隆太が自殺をする可能性はあまりないと思っていた。自殺を実行するだけのパワーがあるとは考えにくかったし、正直なところ、根幹の部分は傷つきやすさと同時にふてぶてしさにも似た尊大さを備えた人間ではないかと考えていた。顔の膨隆が消失していなかったとしても、それを苦に自死するとも思えない（捜索願で隆太の特長を伝えるとき、顔の「うねうね」のことは警察に言わなかった。いつまでそれが顔面に出現しているものか分からないし、自分でもそもそもそんなものが本当にあったのか記憶が不確かになっていたので、かえって事態を混乱させかねないと判断したからだった）。

驚いたことに、午後三時頃、警察から連絡があった。不可解なことであるが、東京からはるか離れた●●で自殺者が出た。持ち物の中に当院の診察券があった（遺書はなかった）。どうやら捜索願の出ていた隆太らしいが、確認をしたいので病院まで彼の指紋を採取に行きたい、と。

なぜはるばると●●まで渡ったのか。隆太との会話で●●の話題は一度も出たことがない。知人や親族が在住していると聞いたこともない。これは担当看護師のSも同様であった。それにしても指紋と言うのが分からない。顔写真で判断できないのか。もしかしたら顔の皺曲がとんでもなく顕著になって目鼻立ちが分からなくなっているとか？

警察から教えて貰った経緯は以下のようであった。

隆太は夜中に病院から立ち去り、どこで過ごしたか不明だが翌日に羽田から飛行機で冷たい海を越え、その日の夜には●●のビジネスホテルにチェックインした。落ち着いた物腰であったらしい。翌朝、朝食は摂らずにチェックアウトし、以後の行動は不詳。午後になり、市営地下鉄の●●駅に姿を現した。ベンチに腰を下ろしたまま、下りの電車を四、五本やり過ごしたらしい。やがてゆっくりと立ち上がり、リュックを柱の脇に置いた。ちょうど次の下り電車が真っ暗なトンネルの向こうから、ぎらぎらとヘッドライトを光らせながら清潔なホームへ滑り込もうとしていた。

しばらくのあいだじっと足下を見詰めていた隆太は、スイッチが入ったみたいにいきなり走り出した。体型的に俊敏とはいえず、むしろよたよたした走り方だった。そのまま左右の前腕で顔を覆うようにしながら、轟音で突進してくる電車の前の空間に、ホームの縁からバネ仕掛けのように身を躍らせた（目撃者が何名もいた）。声は発さなかった（叫び声を上げたのは目撃者たちと、地下鉄の運転士であった）。隆太の姿はライトに照らし出されたまま、空中に浮かんだ。既にブレーキは掛かっていた筈だがさらに制動が加えられ、鉄の擦れ合う異常な音とともに車輪からは火花が散った。隆太の身体は電車の正面に激突したが血は飛び散らなかった。今や力が抜け、ぐにゃぐにゃした肉塊のようになった隆太は、そのままシュレッダーに放り込まれるかの如く車体の下部の闇にすうっと吸い込まれ、次の瞬間には何十もの車輪によって念入りに切り刻まれた。目撃者によれば「えらく手際よく、オートメーション工場みたいに人が車輪の下に消えていったので、呆然としてしまいました」。

ほぼ完璧に、人間の姿は留めなかった。無数の肉片と化して線路に散らばった隆太に、もはや顔など存在しない。指先が見つかったので、これで指紋を確認するしかあるまいということで病院に連絡が来た次第なのであった。当時は、まだDNA鑑定は一般的でなかった筈である。

どんなふうに隆太のベッドの周囲から指紋は採取されたのだろう。歯磨き用の合成樹脂のコップからだろうか。目覚まし時計を持っていたのでベルを止めるスイッチに指紋がくっきりと残っていたかもしれない。さもなければビニール・コーティングされた雑誌の表紙だろうか。いずれにせよ、意外とすぐに結果が出た。●●の地下鉄で鉄道自殺を遂げたのは、やはり隆太であった。その時点でもはや扱いは警察となり、母親へ顛末を知らせたり事情を確かめる等はすべて警察署が行うことになった。カルテの開示を求められた以外、わたしとS看護師は、殆ど取り調べらしい取り調べは受けなかった。

二日経ってから、鈴江は病院まで遺品の引き取りに来た。大晦日が、正月が目前に控えていた。居合わせたナースが、わたしとSを呼んできましょうと声を掛けたら、もうあの人たちとは二度と口を利きたくない、いまさら息子は帰ってきませんと押し殺した調子で語ったという。そうなるとこちらから無理に会おうとするわけにはいかない。あとで手紙でも出そうかと思ったが、かえって誤解が生まれそうな気がして差し控えた。葬儀には、連絡がなかったのであえて参列しなかった。

――これが隆太の自殺の一部始終なのであるが、彼の場合、自殺の予兆と呼ぶべきものはなかった。いや、たったひとつ気になるのは、隆太の顔に表れた「蠕動する胃粘膜のような、うねうねした隆起」である。あれは視覚的に強いインパクトがあった。日常を覆すような異様さがあった。果たして自殺の前にあんなものが顔面に出現するなんてことがあるのだろうか。何だか地震予知みたいな胡散臭さとリアリティーとが感じられて、わたしの胸はざわつく。

　同僚に尋ねてみたが、絶句されただけであった。似たようなケースを知っていたなら、自殺の前兆（サイン）として意味を持つわけだが、やはり普遍性には欠けるらしい。自殺の決意につながるような内面の動きがああした顔面の「うねうね」として顕れるなんて、やはり信じ難い。となれば、あれは何だったのであろう。アレルギーの一種なのか。●●に渡った時点で隆太の顔がどうなっていたのかも不詳である。精神的な煩悶に加えて、顔面の皮膚病変が本人には何やら絶望的事態として駄目押しの役割を果たし、その結果（遠いというだけの理由で）●●まで行って自殺を図ったと解釈することも可能ではあろう。

　それにしてもあの隆太の顔に生じた「うねうね」は、まさに精神が死に魅せられていくそのプロセスを見事に形象化していたように思えてならない。まるで身体が裏返って内臓が露出でもしてしまったような生々しさがあの顔面には窺えたのだ。もしも道を歩いていて、あの線状の隆起が何本も顔に生じている人物と行き会ったら、わたしは「あ！」と声を上げるだろう。だがそのあとどうすれば良いのか。まさか「あなたは、もしかして自殺をしようとしているのですか」と、面と向かって尋ねるわけにもいくまい。いやその前に、わたし以外の人たちにもあの顔の変化がちゃんと見えているのか、それをまず確かめるべきかもしれない。

以上、個人情報保護の上から話には改変した部分がある。むしろディティールのほうが実際の出来事に忠実かもしれない。そしていささか突飛な後日談があるのだが、これは決して「作り話」などではない。

後日談は、新年を迎え既に二月になってから起きたエピソードである。母親の鈴江は、わたしと担当看護師のSには二度と会いたくないと宣言していたのであった。にもかかわらず、二月のある晴れたウィークデイに、彼女は病院を訪れわたしとSとに面会を求めてきた。いったいどうした風の吹き回しか。嫌な予感を覚えつつ、わたしたちは家族面接を行う広い面接室で彼女と会うことにした。

毛糸の帽子を被った鈴江は、不自然なくらいの上機嫌さで「あの節はお世話になりました」などと言う。いろいろと喋ってくるが、葬式の様子とか隆太について何か情報が新しくあったのかとか、そういった話題は巧妙に避けている。上滑りの気詰まりな会話がしばらく続いた。彼女の肝炎は、まだ体調の回復にまでは至っていないらしい。やがて鈴江は、「今、隆太の思い出をアルバムにしようと思って、資料を集めているんですの。お世話になった先生とSさんの写真もそれに加えたいと思います。よろしいでしょうか」

と言いながら、バッグからコンパクトカメラ（当時はまだフィルム式が一般的であった）を取り出して構える。成り行きから、わたしとSは仕方なしに並んだ。レンズを前に、どのような表情を浮かべれば良いのか。笑顔ではまずかろう。無愛想な顔もよろしくないだろう。面接室の白い壁をバックに、柔和というか曖昧というかそんな表情を浮かべたところでシャッター音が聞こえた。

やれやれこれで終わりかと思ったら、突如、鈴江の態度が一変した。その変化の様子は、芝居がかっていたと形容したほうが適切かもしれない。

「息子を荼毘に付したら、骨が青くなっていました。これは毒を飲まされていたときに起きる変化だそうです。あなたたちが毒を盛ったからこうなったのです。これからわたしは研究機関で灰を分析してもらいます。毒が検出されたら、あなたたちを訴えます。わたしは決してあなたたちを許しません。覚悟していなさい」

それだけを告げると、こちらを睨みつけてからさっさと面接室から出て行ってしまった。

いったい今何が起きたのだろうかと、わたしはSと顔を見合わせた。

鈴江は息子の凄惨な自殺を受け入れきれず、また病院に反感を覚えていたこともあり、いつしか病院で毒を盛られたという考えに辿りついたのだろう。自分なりに心を鎮め納得させるための不器用な工夫と言えるかもしれない。だからわたしは彼女が正気を失ったとも思わないし文句を言う気もない。けれども、写真を撮られたことだけがひたすら「気味が悪い」。自分の姿を彼女に渡してしまったわけで、それを使って呪いでも掛けられたらホラーではないか。本気で恐ろしい。以後、しばらくは胃が痛くなったり悪い夢を見たりすると、鈴江の憎悪が思い起こされた。

時間経過を考えると、鈴江がまだ生きているかどうかは微妙なところだ。彼女はどれほどの恨みと憎しみを込めて、現像された写真を眺めたことだろう。しかしわたしとSとが写ったあの写真は最終的にはどうなったのか。針で突き刺されたり引き千切られたのか、ひっそりとセピア色に変色したのか。その成り行きが今でも気になって仕方がない。

第二章

石鹼体験

明確な自殺の理由が分からない場合、さすがにそれだけでは自殺の動機にはなりそうにないもののそのような「プチ動機」が幾つも累積し、そこへ決定的というかむしろ象徴的とでも称すべき出来事が「駄目押し」のように生じて、遂に自殺の決行に至ったのではないか——そんなふうに考えたくなる場合がある。

井上靖が昭和二十六年（一九五一）に発表した「ある自殺未遂」という短篇があって、これが右に述べたような推測をそのまま小説に仕立てたような趣がある。まことに上手い作品なので、内容を紹介してみたい。


語り手は「私」で、独り暮らしの貧乏画家である。官展の無鑑査会員ではあるものの、絵が売れたことなどない。そんな「私」が八月の終わりに川で入水自殺を図り、しかし未遂のまま助けられる場面から物語は始まる。

医師の診察を受けた後、「私」は自室として借り受けている某邸宅の離れへと運び込まれる。巡査が現れ、「一体どうして死ぬ気になんてなったんです」と質問する。だが自分のことであるにもかかわらず、「私」は上手く答えられない。「ふと、死にたくなったんですね」と言ってみるも、納得してもらえない。

では、魔が差したということか。
…確かに魔が差したと言えばそう言えない事もなかった。しかし、それにしても不意に死にたくなったというような、そんな神秘的な何ものかの死の強要でも、死の翳《かげ》の瞬間の横切りでもない。川幅百メートル程の流れの縁に私は屈んで、ゆらゆらと川面に揺れている自分の影を見詰めながら、両手を水に浸した時、死への飛込台が突然ではあるが、極めて明確な感じで私の前に押し出されてきたのである。

もちろんこんな抽象的な説明では何が何だか分からない。そこで自殺を図った日の前日からの出来事を、「私」はゆっくりと回想してみせる。

まず前日の朝。珍しく早起きした「私」は、自分用の郵便受けに入っていた葉書を見つける。おそらく昨日配達されたものを見落としていたのだろう。極東美術社という二流出版社からの葉書で、地方青年向きの「絵の描き方」という講義録ふうパンフレットがそこから出版予定になっており、「私」はそれの分担執筆者となっていた。さて葉書の文面は、企画が変更になったので講義録の原稿は書かないでくれと、それだけがボールペンで認められていた。

なるほど用件は伝わるけれど、企画が変更になったとはどのようなことなのか。講義録の出版そのものが中止となったのか、「私」が執筆予定の部分だけが他の誰かと差し替えになったのか。そういった経緯は述べずに、向こうから依頼しておいた執筆を、藪から棒に葉書一枚で断ってくるのはいくら何でも礼儀を欠くだろう。

腹は立つが、稚拙な文面や下手くそな文字からは、おそらく給仕あたりが書いたのではないかと推測される。失礼な文面も無教養ゆえではないのか。そう考えると、怒りよりはむしろやり切れなさが感じられてくる。こんなつまらぬ文筆仕事で絵の制作時間を奪われるよりは、断られてよほど幸運だったと「私」は自分自身に言い聞かせて心の動揺を鎮めようとする。無理にでもそうしなければ、気が収まらない。でも朝からこんなことがあったせいで、その日の仕事の意欲はすっかり削がれてしまった。

生活費を得るために、「私」はS中学校で週に四時間ばかり美術の講師をしていた。そうした関係で、その日、S中学の教師三名を夕食に招くことになっていた。そこで、昼間は無為に過ごしてしまったけれども日が傾きかけた頃になると、市場に出掛けてビールや安ウイスキー、トマトや鰯の缶詰やピーナッツやスルメを調達した。いそいそと室内を片付け、窓硝子を拭き、書棚の上の花瓶に二、三輪の花を飾り、大家から借りた白い卓布を小さい食卓の上に掛け、これまた大家から借りた夏向きの硝子の皿に調達した食べ物を載せた。夜には適当な時刻に鮨屋が握り鮨を届ける手配もした。寂しい懐具合なりに、心づくしの用意を調えたのである。

だが――

三人の客は、夜になっても姿を見せなかった。六時になっても七時になっても現れない。「私は何回もビールをひやしてあるバケツの水を換え、その度に門の外まで出掛けて行ってみた」。大家の細君までが心配して「ほんとうに遅うございますのね。どうかなさったんじゃあないですか」などと言ってくれる。「私」としてはそんなふうに心配されると、かえって惨めな気持になってしまう。

なぜ三人は来ないのか。ひょっとしたら日付を間違えたのか。だが三人の同僚と日を決めたとき、間違えてはいけないと「私」は十分に用心して手帳に日にちを書き入れ、彼らも同じようにしたのである。となれば、彼らが揃いも揃って来ないのは、勘違いではない。もしかしたら遠回しの悪意の発露ではないのか。彼らはわたしを嫌っているのではないのか。仮に火急の用件が出来したとしても、何らかの連絡をして然るべきではないのか。

どこか残酷さに近いものを感じずにはいられない。九時近くになって鮨屋が握り鮨を配達してきたが、もちろん三人は来ていない。コップは伏せられたままだ。夏の終わりの夜は、既に秋の気配を漂わせている。


何事か起こりつつあると私は思っていた。私は失意のどん底にある人間のように、無気力に十二時近くまで縁側に坐っていて、十二時を過ぎてから、私は自分の分の鮨の切れを口に運んだ。しかし、と言って、私は必ずしも客たちの不参に落胆しているわけではなかった。来なければ来ないでいいではないかと思った。口のうるさい連中に、ご馳走の程度を蔭口される心配もなかったし、この貧相な暮しの有様を、六つの底意地の悪い眼に見て取られることもなかった。先方は何か自分たちの勝手な理由でやって来なかったのである。私は私として自分の一応の義務は果たした以上、彼らを日を改めてもう一度招び直すというようなことは必要ないわけであった。

一所懸命に「私」は理屈を以て自分を説得している。けれども、「何事か起こりつつある」という得体の知れぬ不快さだけは拭いきれない。結局「私」は、独りでビールの栓を開け、料理をつまんで寝てしまった。

翌日になると、「私は、昨日の無駄になった御馳走を一人で平げ切れないので、それを重箱に詰めて、ビールを二本風呂敷に包んで美沙のアパートに出掛けた」。美沙は画学生時代から関係が続いており、もはや恋愛関係は形骸化してしまったものの、腐れ縁というか惰性で付き合っている女性であった。そんな関係性でも未練はある。電車に乗って彼女のところへ出向いたのは、前日の二つの不快なエピソードを忘れ去りたい気持もあったのだろう。

ところがアパートはもぬけの殻であった。

引っ越し先を誰にも告げず、昨夜のうちに美沙は部屋を引き払ってしまったという。そして今はまだ午前中である。アパートの隣人達が出てきて、「私」はさながら間抜けな見せ物となってしまった。四日前に美沙と会ったときには、「夏には一度ぐらい涼しいところへ避暑でもしたいわね。同じ人間と生まれて来たからには」などと言っていたが、そんなことを言いつつ彼女は引っ越しの腹積もりをしっかりと決めていたに違いなかった。

しかし美沙に去られてみて、私は別段唐突な感じもなければ裏切られた感じもなかった。いつ美沙が私の許から去って行っても少しも不自然でない状態が、私たち二人の間には十年も前から出来上がっていたのである。彼女が今までよくもこの私に愛想を尽かさないでついて来たということの方が、考えてみれば余程不思議な話であった。私は彼女に何ものも与えていなかった。私は絶えず貧乏であり、無名であった。無名でもいいが、と言って、芸術家としてせめて自分だけでも誇れるような一枚の作品さえも描いていなかった。

私は金も名声も才能もそしてまた誇りさえ持っていなかったのである。

慰めてもらいたいくらいの気持で美沙のところへ出向いたら、逆にシビアな現実を突きつけられてしまったのであった。加えて、アパートの内儀連にまで哀れまれる始末である。かなりの精神的なボディー・ブローとなったのは間違いない。

自分の部屋に戻った「私」は持ち帰った重箱の中身を食べ、昼間からビールを飲んでそのまま眠りに落ちてしまう。

目が覚めたのは、午後三時であった。「私は今日の午後美術商の山根商会に招かれていたことを思い出した。午後二時頃訪問するという約束になっていたので、約束の時間は既に過ぎているが、訪問先が山根商会のことであるから、たとえ遅れても訪ねて行ったほうがいいだろうと思った」。なぜ山根商会をすっぽかすわけにはいかないと「私」は思っているのか。山根商会の山根弥蔵は日本の美術界のパトロン的なところがあり、隠然たる勢力を持ち合わせていたからである。さすがにそんな人物を、絵描きの端くれとして無視するわけにはいくまい（芸術家としての誇りさえ持っていない自分である筈なのに、そうした如才なさは発揮するわけである）。

では、どうして「私」ごとき泡沫洋画家が山根弥蔵から呼び出されることになったのか。ことさら才能を見出されてといった話ではないらしい。五月に「私」は個展を開いて甚だ不評だったのであるが、その際に、中国の古い出土品を描いた静物画を何枚か出品した。山根は油絵については商売と割り切り、でも中国の古い出土品には異様な関心を持ち、その熱心なコレクターでもあった。そんな次第で、山根の番頭が、「是非貴方に見て戴きたいものがあるんです。お食事でも差し上げながら、いろいろ中国の古いものについてのお話も承りたいものだと主人が言っております」と告げに来た。どうやら山根は「私」を中国の古い工芸品のエキスパートと間違えているらしかったのである。

したがって山根と会食をしても彼を失望させるだけだろう。だが美術界のパトロンに会うチャンスを逃すのも勿体ない。そんな葛藤から、「私」は無意識のうちに遅刻という失態をしでかしてしまったのかもしれない。

それなりにネクタイまで締めて「私」は出掛けた。山根の家は洋風建築の豪邸である。出てきた女中に名刺を渡し、五分程待たされて、「私」は三十畳ぶんくらいはありそうな洋間に案内された。ごちゃごちゃと古美術が置かれ、一瞬、倉庫ではないかと思ったものの立派な応接セットが置かれている。そこで「私」は三十分待たされる。山根は他の来客でもあるのか、それとも用事ができて外出してしまったのか。自分が都合二時間も遅刻してきているので、その気まずさもあって、いつまでも待たされるのが辛い。ひょっとしたら、ここに招じ入れられたことを家人も忘れているのではないかなどと疑いだしたときに、扉がすうっと開いて人が入ってきた。

入ってきたのは山根弥蔵ではない。繊細そうな若い女である。彼女は大きなテーブルの、「私」とは対角線の位置に坐って「ここではあまり遠くてお話ができませんね」などと変なことを言う。この女は何者なのだろう。もちろん使用人ではない。口調には、微妙に「私」を見下したような尊大さがある。

…静かな声を立てて笑うと、

「絵でも恋愛は描けますの？」

とそんなことを言った。私は自分の聞き違いかと思って、

「え？」

ともう一度訊き直すと、彼女は今度は、

「絵でも、恋愛は描けますの、と訊いたの」

と一語一語切って、少し憤っているかのようにきっとした調子で言った。その言葉には微かに軽蔑が込められてあった。その時、初めて、私はこれは少しおかしいと思ったのである。

「失礼ですが、奥さんですか」

と私は訊いてみた。

「嫌だわ、わたし誰の奥さんかしら。もうみんな、遠い、遠い、夢なの」

「じゃあ、山根さんのお嬢さんですか」

「山根さんのお嬢さん⁉」

彼女は首をちょっとかしげて如何にも考えている風だったが、急に先刻と同じよく透る声で静かに笑った。

明らかに彼女はオカシイ。女中が入ってきて、何も言わずに茶を置いていった。得体の知れぬ若い女は、室内の古美術を漫然と眺めながらゆっくりと歩き回っている。「私」は耐えきれなくなり、失礼しましたと辞すことにする。誰も見送りには出て来ないので、ひっそりと一人で靴を履き玄関から出た。

すると門のところで、さきほどの女が立っている。「バスの道までお送りしましょう」などと言う。断ってもついてくる。途中で彼女はなぜか後ろ向きに歩き出した。バスが来たので「じゃあ、失礼します」と「私」はあわてて飛び乗る。走り出したバスから見ると、あの奇妙な女はじっとこちらを見詰めながら立っていた。

はて、今の出来事は一体何だったのだろう。

何だか意味が分からない。どうも合点がいかぬが、ではどこが釈然としないのかとなるとそれすらが分からない。「この山根家訪問のすべてが、不手際といえばみんな不手際で、どこか踏み外しているような感じを私は拭うことは出来なかった。私はこの訪問について考えること一切がもはや疎ましかった」。

家に戻った「私」は疲れ果て、縁側に腰掛けたまま何時間もぼんやりしていた。

昨日から今日に渡って、四つのエピソードが起きていた。出版社からの失礼な葉書。夕食の約束を破った三人の同僚教師。愛想を尽かして姿を消した愛人。画商の家での不可解な出来事と精神を病んだらしい女とのやりとり。どれもが小さな棘のように「私」の心に突き刺さる。どのエピソードにも「犯人」がいる筈だが、単純明快に「あいつ」ないし「私」が悪いと決めつけられない。さまざまな事情が絡み、自分の邪推かもしれないし自業自得かもしれないし他人の悪意や蔑みの結果かもしれない。どれもこれも真相が判然としない。だから忘れようとしても忘れられない。恨むべきか反省すべきかも分からぬまま置き去りにされたかのようなちぐはぐな気持だ。

縁側でぼんやりしていた「私」は、二丁ばかり離れたT川の川縁で軀を拭くことを思い付く。「四、五日前その辺に散歩に行った時、一人の若い男が、やはりその川の岸で軀を洗っていたが、その時いかにも裸身を夕方の川風に曝しているその姿が爽やかに感じられたので、自分もそうしてみようかと思い立ったのである」。妙な成り行きに翻弄されている自分を、清めたい気持もあった。

郊外電車の通る鉄橋の下手、ボートの繋ぎ場らしき石段の場所へ「私」は辿り着き、ランニング・シャツ一枚の姿になった。首に手拭いを巻き、水中へそろそろと入って行く。屈んでまず手脚から洗おうと、石鹸を摑んだ手を水面下に差し入れる。するると、石鹸はするりと手から抜け出し、「そのまま小さい白い物体は水の深処の方へゆらゆらと揺れ落ちて行って忽ち姿を消してしまった。いかにもそれは逃亡という感じであった。私に背後を見せて、もう決して捉えられっこない落ち着きをもってゆっくりと沈み逃れていった感じであった」。

自分の手から「逃亡」していった石鹸を見送りながら、「私」は忌ま忌ましさを覚え、絶望と悲哀のつき混ざった感情に打たれた。そして昨日から今日に掛けて次々に起きた一連のエピソードに思いを馳せた。


ああ、何もかもが俺から逃亡していると思った。もう二度と決して戻って来ない妙に太々《ふてぶて》しい遠ざかり方で、何もかもが私を置いてけぼりにして遠ざかりつつあると思った。

まさにこの瞬間、死ぬ以外もはや取り返しのつかない気持に「私」は支配されていた。そして「それが私の為さなければならぬ唯一つの仕事であるかのように、上半身から先に水の中へのめり込んで行ったのであった」。

だが死に切ることは叶わず、冒頭のように救助されてしまったわけである。

どこか取り留めのない四つのエピソードが重なり、さらにそこへ、決定的というかむしろ象徴的とでも称すべき出来事として石鹼の逃亡が起き、「私」は自殺への駄目押しをされたのであった。したがって「一体どうして死ぬ気になんてなったんです」との質問に対して、「石鹼が逃げて行ったから」と答えてもあながち間違いではなかっただろう。

◆
◆
◆

井上靖の短篇において、石鹼は運命を決定づける役割を担っていたし、その意味では一つの文学的な装置とも見なせるのであった。個人的には、「石鹼体験」とでも名付けておきたい気分である。

哲学者でありエッセイストの串田孫一に、『夢の中の風景』（彌生書房、一九七五）という随想集がある。この中に、「逃げる」という題名の小品が収録されている。そこにも石鹼が逃げて行く光景がありありと描かれている。

ある時、それもまだ小学校へ上る前だったと思うが、上州の温泉へ連れて行かれた。私はそこで、自分の家の風呂場のようには石鹼が泡立たないので苛々している時、手から滑り抜け、板の傾斜を滑って溝に入り、湯船からあふれるお湯とともに流されて行ったのを今でもよく覚えているが、それはどう考えても、ただの滑り方ではなく、まるで逃げて行く鼠のようであった。私はもう追いかけてみても無駄だと分かって、あまりその逃げ方の巧妙なのに見とれていた。

宿の番頭がそのことを、この温泉では、石鹼に逃げられる人が多いと言っていた。矢張りそうだったのかと私は思った。

幼かった串田も、見とれつつも喪失感とともにさながら鼠に嘲笑されたかのような鼻白む思いを抱いたに違いない。まあいずれにせよ、石鹸には「もう取り返しがつかない」といった絶望感を喚起させる性質が備わっているようである。果たして上州の温泉では、自殺者が多かったであろうか。

わたしは六十歳を過ぎてからずっと井上の作品に出てくるような「何もかもが俺から逃亡している」といった気分に支配されてきた（今でもまだ、そんな気分は続いている）。だが、まだ生きている。うっかり「石鹸体験」に遭遇してしまわないだけ幸運だったのかもしれない。

第三章

登場人物を自殺させる

ミステリ小説ではさまざまな謎が提示される。しかし謎を支えるトリックだとか解決のプロセスよりも、謎そのものに「技あり！」と言いたくなるものがあって、たとえばE・D・ホックの短篇「長い墜落」ではビルの二十一階にあるオフィスのガラス窓を破って飛び降り自殺をした男が、三時間四十五分後にやっと地面に激突したという不可解な状況を扱っている。三時間四十五分をかけて墜落したという悪ふざけのような設定はまさに空前絶後で、これはもう名作と言うしかない（解決はちょっとショボいが、このくらい頓智の利いた謎なら腹も立たない）。

個別の謎とは別に、密室殺人とか衆人監視下の殺人、アリバイ崩し等のジャンル別の謎がある。そうした中で、どうにも気になって仕方がないジャンルがある。ひとつには誰かが理由もなく失踪し十年以上の月日が経ち、その後当人が発見されるが彼（彼女）はいったい何を考えどんな人生を送ってきたか、そしてなぜ戻ろうとしなかったのかという謎。もうひとつは、およそ自殺などしそうにもない状況にあった人物がいきなり自殺をしてしまい、その動機が皆目分からないといった謎である。たんにわたしの個人的な関心に過ぎないのだけれど、失踪系および自殺の動機系は、とにかく気になる。考えてみれば、どちらも心理的な興味が大きく絡んでいるようだ。

それにしても、後者の「自殺の理由が見当もつかない」といった謎を据えたミステリを、わたしはあまり多く知らない。たまにしか遭遇しないが、でも決して絶滅危惧種ではない。案出が難しいのだろう。自分でも「意外な理由」をときおり考えてみるが、残念なことに、ちっとも気の利いた（しかも説得力のある）理由を思い付かない。本章では自殺ミステリを紹介し、それを通してわたしたちが自殺の理由として考えがちな動機について思いを巡らせてみたい。なおトリックは容赦なく割ってしまうので、未読かつ読む予定のある人はタイトルが出てきた時点でストップしていただきたい。

まず、「動機」、原題は「No Motive」という作品。四百字詰めの原稿用紙で九十枚以上ある。あまりにも素っ気ないタイトルだが、おそらく自殺の動機系としては模範的作品で、それはミステリという範疇においてのみ成立する話で決して純文学にはなり得ない（だから劣っているというわけではないが）ご都合主義を含んでいるといった意味でもある。

作者は英国の女流作家ダフネ・デュ・モーリア（一九〇七〜一九八九）で、ヒッチコック映画の原作となった短篇「鳥」と、長篇『レベッカ』あたりで知られている。「動機」は、創元推理文庫『鳥――デュ・モーリア傑作集』（務台夏子訳、二〇〇〇）に収録されている。

自殺したのは妊娠中の美しい人妻メアリー・ファーレンである。夫は会社の重役で金持ちのサー・ジョン。金持ちだから豪邸に住み、執事や使用人がいる。結婚三年目で、まだ子どもはいない、腹の中の子を除いては。夫婦仲は上手くいっていたし、悩みがありそうになかった。夫は高潔な人物で、愛人がいたとかそうしたトラブルも一切ない。周囲からは理想的なカップルと見られていた。にもかかわらず、あるウィークデイの午前十一時半ごろ、メアリーは銃器室へ赴いて夫のリボルバーを使っていきなり自殺してしまった。書置きなどはない。偽装された他殺でもない。

自殺当日だって、彼女はにこやかで幸せそうだった。そうなると、よほどショッキングな出来事ないしは知らせが引き金になったとしか考えられないではないか。でも電話や電報は受けていないし、手紙も受け取っていない。午前十一時に庭用家具の巡回セールスマンがやって来てカタログを見せ、メアリーはベンチを購入している。セールスマンが何か重要なことを伝えたり脅したりした気配もない。セールスマンが帰った直後の彼女の様子を執事が目にしているが、動揺した様子は一切なかった。

この自殺の動機は、推理のしようがない。ブラックという敏腕な探偵が夫の依頼を受けて調査を進めていくのを読者は見守るしかない。

話はいささか因縁話の様相を帯びてくる。メアリーは幼いときに両親に先立たれ、独身の伯母に育てられてきた。そのような出自であると夫は思っていた。しかしそれは嘘であった、ただし虚偽であることをメアリーは知らなかった。彼女の父親はハンプシャーの田舎町にある教会の牧師であった。母親は早いうちに亡くなり、父親に育てられた。聖職者である父は厳格かつ偏狭な、およそ優しさとは無縁の人物であったらしい。メアリーは性格の曲がった人間には育たなかったが、俗世間の知識にはいささか疎い娘になった。

十四歳のとき。彼女は寄宿舎のある学校で学び、夏休みには牧師館へ帰省していた。その時期には、ハンプシャーではホップが広く栽培されていた関係で、ロンドンから柄の悪い連中がホップ摘みに来るのが慣わしになっていた。庭師の娘と一緒に、あまりにも世間知らずだったこともあり、メアリーはホップ摘みの人たちと警戒心を抱くこともなく打ち解ける（もし父がそのことを知ったら激怒した筈だ）。彼らのパーティーに参加した晩、メアリーは生まれて初めてビールを飲み、酔って意識を失ってしまう。

意識を失っているあいだに、彼女は陵辱されてしまったのだった。初心《うぶ》なメアリー（その頃の名はメアリー・ワーナー）はそのことに気付かない。やがて寄宿舎に戻り、寮母によって妊娠していることが発見される。だがメアリーにはセックスの記憶なんかない。

ことの次第に気づき、仰天した寮母に叱責されると、メアリー・ワーナーはとまどった。彼女は寮母の頭がおかしくなったものと思ったらしい。「どういうことですか?」彼女は言った。「わたしはまだ大人じゃないし、結婚もしていないでしょう?聖書のマリア様と同じだって言うんですか?」

彼女は生命の真理にまったく気づいていなかったのだ。

当時の道徳観に照らして、メアリーは放校される。父はコーンウォールの私立病院へ彼女を連れて行き、そこで出産させる。生まれた子どもは男の子だった。見事な赤毛だったので、病院のスタッフは「この坊やときたら、まさしくチビのにんじん坊主ですね」と言い、以後、スタッフもメアリーも「にんじん」と呼ぶようになった。

一ヶ月後、既に赤ん坊は孤児院へ移される手筈が整っていた。牧師である父の意向だった。メアリーには、子どもは急死したと告げられ、「にんじん」は連れて行かれてしまった。彼女はわが子が死んだと聞かされ激しいショックを受け、気絶する。意識を取り戻したときには、記憶は失われていた。心的外傷による逆行性健忘というわけである。そのままメアリーは、もと家庭教師の独身女性に委ねられる。父が金を払って段取りを組んだのであり、彼はそうやって「ふしだら」な娘と永遠に縁を切った。記憶を失ったメアリーは、伯母と自称する女性の言葉をすべて信じて育ち、やがてサー・ジョンと三十一歳で結婚するに至った。メアリーに暗い過去はあったものの、彼女自身がそんなことをまったく覚えていなかったのである。

さて自殺の当日。結末を明かしてしまえば、まさに数奇な運命というやつである。午前十一時にやってきた若い巡回セールスマンこそが、生まれて間もなく引き離され孤児院へ送られてしまったメアリーの息子だったのである。もちろん彼女も息子もそんなことに気が付くわけがない。だから若者に成長した赤毛の息子と出会っても、動揺なんかする理由もない。メアリーはショックなんか受けなかった。

彼女を奈落のそこに突き落としたのは、セールスマンが帰ったあとで執事が発した何気ない言葉であった。探偵ブラックと執事との会話を引用する。

「きみはなんて言ったんだ？」

「奥様はユーモアがおありなので、冗談めかして、あのセールスマンがもう一度来たら、あの髪の色ですぐわかるだろうと言ったのです。

『あの男ときたら、まさしくチビのにんじん坊主ですね』そうわたしは申しました。

そのあとはすぐドアを閉めて、食料貯蔵室にもどったのです」

そう、「チビのにんじん坊主」というのがまさにキーワードとなり、突如メアリーの忌まわしい記憶を立ち上げてしまったのである。妊娠中の彼女はすべてを思い出し、あのセールスマンが我が息子であったことにも思い至る。この時点で彼女は激しい衝撃を受け、発作的に自殺してしまったのだった。

こうして筋を書き出してみるとずいぶんメロドラマっぽいし、記憶喪失を都合よく使い過ぎている印象は否めない。けれども運命の悪戯といった文脈ではそれなりに説得力がある。「チビのにんじん坊主」がキーワードとなって運命の歯車が回るあたりも、つい座布団一枚！　と言いたくなる。もしもこの作品を不自然であると容認できないようであったら、その人はおそらく世間に流通している多くのミステリを楽しめないと思う。まあそれはそれとして、「血の因縁」は殺人の動機にも自殺の動機にも使えるすこぶる便利な事案であるとは言えるだろう。

次は貫井徳郎の長篇『天使の屍』（角川文庫、二〇〇〇）である。こちらのほうがリアリティーがあり、いかにも現代的に感じられる。

最初に自殺したのは、中学二年生の優等生、優馬だった。テレビで苛めによる自殺を報じていたとき、彼は反発した態度を親に示した。父とのやりとりはこんな具合である。最初の台詞が優馬だ。

「死ぬほどの勇気があるなら、正面からいじめに立ち向かえばいいじゃないかってことだよ。死ぬ気になれば、なんだってできるはずでしょ」

「……まあ、そうだな」

「そんなつまんないことなんかで死んで、どうするんだよ」

父親のほうが、たじたじである。息子のほうが、身も蓋もない正論を述べている。にもかかわらず、優馬は三十分後にコンビニへ出かけたまま、近くのマンションの屋上から飛び降りて死んでしまう。さらに、連鎖的に彼のクラスメイトが次々に自殺してしまうのである。だが彼らを自殺へ駆り立てた原因が、さっぱり分からない。優馬の父が、息子を失った無念のあまりに自ら調査を進めることで物語は展開していく。

自殺の動機は二つある。ひとつは、中学二年生男子における欲望と恥の問題。もうひとつは、中学生ならではの思考法や価値観に基づいた苦しみである。それら双方の「併せ技」として、連鎖自殺が生じることになった。それ以上は、さすがに現在も流通している本なのでネタを割るのは差し控えたい。ただし、自殺の動機として「誰にも言うわけにはいかない羞恥心の問題」および「その人にだけ通用する価値観や思考法」は大いに説得力を持つ。じっくりと書き込まないと突飛に映ってしまいかねないわけで、それを達成しただけでも自殺ミステリ分野の金字塔と評価したい。

三つ目は、アーサー・ポージスの短篇「日曜の朝の死体」で、これは『ミステリマガジン』一九八五年三月号（三四七号）に沢川進の訳で掲載されたままアンソロジー等には一切収録されていない。アーサー・ポージス（一九一五〜二〇〇六）はシカゴ生まれでもと数学教師、短篇と長篇を合わせて三百編近くを残しており、しかし我が国では『八一三号車室にて』（論創海外ミステリ、二〇〇八）という短篇集が出ているだけで、そこにも「日曜の朝の死体」は収められていない。ネットを覗いても、言及しているブログはない。けれどもこの作品の異様さは、忘れ難い。無視されてしまう理由が分からない。自殺の動機ものとしては逸品、とわたしは考えるのである。

自ら二十二口径の拳銃で命を絶ったのは、三十七歳になるビルだった。プリンストン大卒、経済的に豊かな両親に愛されて育ち、明るくて性格の良い人物となった。結婚十二年目だが夫婦仲はすこぶる良く、子どもも二人いる。銀行の頭取で、海岸沿いの豪邸に住んでいた。誰からも褒められる好人物であった。もちろん悩みや困りごともない。にもかかわらず、彼は自殺をした。

ある日曜の朝、ビルはソファでくつろいでいた。妻は、隣家へ料理カードを届けてあげるために家を出た。夫は陽気に妻を送り出した。それから二十分もしないうちに、彼は銃口を自分の口に突っ込んで引き金を引いたのだった。妻はおろか、誰にもビルがそんなことをした理由は分からなかった。

ダフネ・デュ・モーリアの物語ではブラックという探偵が真相解明に活躍した。このケースでは、クレメントと名乗る保険会社の調査員が理由を探る。もちろんいくら周囲を調べても、謎は深まるばかりである。

突破口はラジオであった。妻は隣の家に行く際に、ラジオを点けっぱなしにしていた。ビルが死体となった部屋にはニュースショーがラジオから流れていたのである。もしかすると、そのニュース番組で放送された内容がビルを死に追いやったのではないのか。そう推理したクレメントは放送内容を調査する。すると〈ヒューマン・アングル〉と題する、人間的興味をそそる話題を取り上げるコーナーで、気になる話を放送していたことを知る。どんな放送であったのだろう。

……今朝は、予定していた内容を変更して、カリフォルニア州ゴールド・クリークの、ほとんどゴーストタウン化している小さな町、ファー・ウェストからの特だねをお送りします。

数日前、兵隊ごっこをしていた子供たちが木製の剣で丈の高い雑草を切り倒していたとき、古い自動車の残骸を発見しました。しばらくあとでその自動車に近づくと、その子供たちは車の中に人間の骸骨を発見して恐怖におののきました。

二十四年前、サム・コリッツという名のセールスマンが東部の顧客たちから注文を取り、急いで家に向かっていました――サンフランシスコの我が家へと向かっていたのです。かれは非常に急いでいました。その理由はまもなくお話いたします。それは哀れを催すようなもので、この悲しい物語の引き金となったものです。

サム・コリッツは急いでいたのですが、ゴールド・クリークの近くでハイウェーが事故のために封鎖されていました。一台の大型石油トラックのトレーラーがはずれて折れてしまったのです。サム・コリッツは待っているわけにはいかずにやきもきしていたのですが、ほとんど使われない脇道がずっと北でハイウェーにつうじているということを知りました。かれはその道に入り込み、ほとんど四分の一世紀のあいだ姿を消してしまったのです。

その日が何日だったか、みなさんにおわかりになりますか？　自動車の中の書類や領収書で、警察にはわかりました。一九四一年十二月六日。そうです、土曜日、真珠湾攻撃の前日です。

雑草に覆い隠された自動車の残骸と、その中の白骨。それは太平洋戦争開戦の前日から二十四年間、消息を絶っていたセールスマンと彼の車だった。何だか奇譚のような様相を呈し始めている。ラジオ放送の内容をさらに紹介する。

そして、どういうわけで、中に人間の乗った自動車が、それほどの年月のあいだ消えていたのでしょう？　その理由は、途方もない偶然がいくつも重なったことにあります。道路封鎖が解除されたあとでは、脇道を使う自動車はほとんどありませんでした。雪が早くから降りはじめ、それもかなりの豪雪だったのです。戦争のために、とくに用事のない自動車はハイウェーから閉め出され、雪に埋もれた自動車の近くのただ一つの町、ゴールド・クリークのかなりの人口は軍需工場に駆り出されました。

それから、土砂くずれがあり、最後にオオアザミ——これはおそろしい棘を持った始末の悪い雑草ですが——それが広範囲に生い茂り、サム・コリッツの墓へ近づくことを妨害していたわけです。

それから、もう一つ不可解な点があります。なぜ、錆びた鉄線の切れはしや縒り合わせた部分が朽ち果てた自動車の内部に落ちていたのでしょうか？　このセールスマン、この四十歳の不運な男は、脇道に入ったあと、余りにも睡眠不足であったために車を路上からおろして仮眠をとっていたところを強盗に襲われ、鉄線で縛りあげられ――死ぬまで放置されたのでしょうか？

まさか当時十三歳のビルがその強盗であったとも思えない。となると、車の中の白骨とビルとはどう関連してくるのだろうか。ちなみにサム・コリッツが非常に急いでいたのは、九歳の娘リンダが危篤という電報を受け取ったからだった。結局翌年の二月にリンダは亡くなり、ミセス・コリッツの行方は現在では分からずじまいだという。

調査員のクレメントは、ビルが十三歳だった頃の遊び友だちを捜し出す。ラリー・キースという公認会計士で、「わたしたちの少年時代はすばらしいものでした。つぎからつぎへとばかなことをしましたが、だれも傷つけたことはありません。おもしろい話がいくらでもありますよ」と彼は屈託なく語る。その「ばかなこと」こそが恐ろしい行為であったにもかかわらず。キースの（愉快な）思い出話を引用しよう。

「そう、あれは土曜日で、学校は午後から休みでした。あそこは学校から二マイルばかりはなれていたと思います。それはそれとして、わたしたちは鉄線の大きな輪を見つけたんですよ。軍需工場から出てきたトラックから落ちたものにちがいありません――英国向けの物資だったのでしょう。上質の鋼鉄線で、ピアノ線を太くしたようなものでした。それに、かなり量がありましたね。

ほかの子供たちだったら、小遣い銭ほしさに売ってしまったところでしょうが、ご存知のとおり、ビルは金持ちでしたし、わたしの両親も貧乏というわけではありませんでした。で、わたしたちはその鉄線の輪を持ってあてもなく歩きまわっていました。あの当時、あのあたりはすごい荒れ地だったんです。

そのうちに、わたしたちはあのポンコツ車を見つけたんです。古い未舗装道路からかなりはずれた、ユーカリ樹の木立ちの蔭に駐めてありました。そこで、わたしたちはぜんぜん苦労もせずに近づいて中をのぞいたわけです。バックシートで一人の男が眠っていました。なにかのセールスマンのようでした。サンプルケースが何個かありましたからね。その男は肥って脂ぎっていて、無精ひげをのばしていました。それに、すごい鼾をかいていました。死んだように眠りこけていたんです」

さながら映画の「スタンド・バイ・ミー」みたいな調子で、鉄線の輪を持った二人の少年は、中でセールスマンが爆睡している自動車を見つけたわけである。

「とにかく、そのときにビルがあることを思いついたんです。鉄線がたくさんありましたからね。かれは音を立てないようにしてその自動車のドアが開かないように鉄線を巻きつけはじめたんです——本当ですよ！　ビルは鉄線をぐるぐると縦横に巻きつけ、あいだをくぐらせ、結び目を作り、輪にして締めつけ、からみ合わせ、最後には漁網のようにしてしまったんです。ビルの仕事の出来映えを見せてあげたかったですね！　蛇が抜けだす隙間もなかったんですから」

さしたる理由もなく、せいぜい悪戯心で、十三歳の少年が妙に手の込んだことをするというのはいかにもありそうな話である。成り行きからこのような馬鹿げたことをしてしまうのも分からないでもない。もしかすると戦争勃発の予感みたいなものが、彼らを無意識のうちに残酷な気持ちへ駆り立てていたのかもしれない。

「ビルは、それではあまり簡単で、せっかく苦労してやった甲斐がない、と言いました（引用者注・ドアが開かなくても、中の男は窓ガラスを巻きおろして叫びさえすればすぐに助けを呼べるだろうという彼らの予想を、それではあまり簡単だと述べている）。で、かれは小枝やなにかを集めてきて、全部の窓の下の部分の隙間に詰め込んだんです——楔をかったわけですよ。ビルが仕事を終わらせたとき、あのポンコツ車はすごい見物《みもの》でしたよ、ほんとうです。

それからビルが言ったんです。いくらなんでもこれはあまりひどすぎるかもしれない。交通量はあまりないし、この男は何時間も立ち往生するかもしれない——一晩中ここにいることになるかもしれない——そして余分な出費を強いられるかもしれない、とね。そこで、その肥ったセールスマンに埋め合わせをするために、ビルは一枚の二十ドル紙幣をワイパーにはさんだんです。かれはそんな人間だったんです。ビルはいたずら好きで想像力が豊かでしたが、ぜったい他人を傷つけるつもりはなかったんです。それはわかっていただけるでしょう。かれは、いたずらをされても、その男が二十ドルを儲けたことでよろこぶだろう、と考えたんです。あの当時では相当な金額でしたからね」

これが若き日のビルの武勇伝のひとつだったわけである。自動車は、袋状のネットで何重にも包まれた石鹼のようなありさまだったのだろうか。緻密に、がちがちに編み上げられた鉄線の繭の中で、小枝や木の切れ端を隙間に詰め込まれた窓はガラスを下げることも出来ない。エンジンを掛けても自動車は動くことが叶わなかっただろう。

たとえ窓ガラスを割っても、誰も通らない見捨てられた場所である。叫び声を上げても意味がない。ましてや翌日には戦争が始まり、ガソリンが配給制となり、こんな辺鄙な場所を通る者はいなくなる。そして豪雪。餓死する前にセールスマンは凍死したのではないか。娘のリンダよりも先に死んでしまった筈だ。土砂崩れがますます人を現場から遠ざける。やがて車はオオアザミに覆われカモフラージュされてしまう。こうして二十四年後には、朽ちた車の中で男はひっそりと白骨に成り果てていた。

ビルも、友人のラリー・キースも、自分たちの悪戯はすっかり忘れていた。ところが四半世紀が経ってから、ビルだけが遠い過去の悪戯とその残忍な顚末をいきなり知ることになる。しかもそれを日曜の朝のラジオ・ショーで。

カルビン教徒的な良心の持ち主である彼は、自責感に苦しんだだろう。いや、もっと瞬間的な、ショックに近い感情に囚われただろう。朽ち果てた自動車の中の白骨という鮮やかでグロテスクなイメージも、激しい衝撃をもたらしたに違いない。おまけにセールスマンが娘の危篤に間に合うように急いでいたといったメロドラマ的な事情も、心を突き上げただろう。

発作的に銃口をくわえて引き金を引いても不思議ではあるまい。調査員のクレメントは、あえてラリーにはラジオ・ショーで放送された内容は告げなかった。たとえ教えられても、実際に鉄線を巻き付けたわけではないラリーは、さすがに自殺にまでは踏み切らなかったのではないか。

という次第で、アーサー・ポージスの「日曜の朝の死体」は原因不明の自殺に対する「特殊解」として大変にわたしを感心させてくれたのだった。もっとも人によっては、話に無理があるとか、いや自己正当化は図ってもそんなことで自殺なんかはしないものだよと主張するかもしれない。

◆◆◆

以上、デュ・モーリア「動機」、貫井徳郎『天使の屍』、アーサー・ポージス「日曜の朝の死体」の三作を紹介したわけだが、さて自殺の理由の共通項は何だろうか。

「動機」は過去の過ちと記憶喪失とを上手く組み合わせている。『天使の屍』は「欲望と恥」および「中学生ならではの価値観や思考法」とを上手く組み合わせている。「日曜の朝の死体」は少年時代の悪戯とラジオ・ショーがもたらした「不意打ち」とを上手く組み合わせている。これは言い換えれば、すくなくともフィクションにおいては、人を自殺へ追い込むには複数の要素が必要ということだろうか。たんなるひとつの事実だけでは、どうしても説得力が弱い。あるいはサプライズがない。そこに「神による残酷な演出」が加えられてこそ、自殺という行為は成立するのではないのか。

とはいうものの、メインの心情は、詰まるところ「もう、取り返しがつかない！」といった後悔と焦燥と混乱の混ざった気分なのではないかと思う。興味深いことに、うつ病で自殺を図った人たちから話を聴くと、彼らは最終的に「もう、取り返しがつかない！」という精神状態に陥るようなのだ。取り返しがつかない、ということは過去に大きな過ちを犯している証左だろう（実際には、わたしはサラリーマンにはなるべきでなかったとか、家族を持つ資格のある人間ではなかった、等々病的心理に導かれた痛恨が多い）。そういった形で過去を否定し、今後も挽回の余地はないと自ら未来の可能性を閉ざしている。さらに今現在は、罪深い人間として自分を断罪している。こうなっては、もはや世の中から姿を消すしか立つ瀬はない、という結論になってしまう。憤怒の果てとか、虚無感とか、幻覚妄想とか、自殺へ至るプロセスはいろいろあってそれについては追々述べていくつもりだが、それはそれとして自殺の直前において、「もう、取り返しがつかない！」は、かなり普遍的な心情だとわたしは考えるのである。

動機が見えない自殺者の物語を書こうと思ったら、いきなり「死なずにはいられない事情」「しかもその事情は、他人には気付きようがない」を案出しようとしても難しい。少なくとも読者を驚かせるような案は難しい。むしろ、登場人物が「もう、取り返しがつかない！」と突如奈落の底に突き落とされるようなシチュエーションを考え、そこから遡ってプロットを整えていくほうがアイディアは湧きやすいのではないだろうか。その後に、運命を司る神による残酷な演出について思考を巡らせてみればどうか。まあそれでも難易度は高いかもしれないが。

前章の井上靖「ある自殺未遂」の主人公には、決定的な自殺の理由はなかった。けれども、さまざまな落胆や失望の積み重ねが、些細なきっかけで「こんなろくでもない世の中で、オレの人生はもう、取り返しがつかないことになってしまった！」と精神の決壊に至ってしまったのだろう。とはいうものの第一章で書いた隆太のケースでは、彼はやはり

「もう、取り返しがつかない！」といった心情に至ったのだろうか。あるいはもっと別な発想に心を支配されていたのか。経緯はいまひとつ判然としない。いや、わたしが真相を知りたくないと目を逸らしているような気もしないではないのだけれど。

第四章

遺書のリアル

たとえばわたしが小説を書いていて、その中で登場人物のひとりが自殺をしたとする。遺書が残され、その文面をそのまま小説で披露するとしよう。いわば架空の遺書からの全文引用である。その場合、わたしは自殺した人物の性格や日頃の振る舞いを斟酌しつつ、いかに「リアル」な遺書を捏造するかに心を砕くことになるだろう。

こういった人物ならこんな遺書を書きそうだなと思ういっぽう、自殺というきわめて非日常的な局面においては、常日頃の言動からはいささか逸脱したトーンの文章になりそうな気もする。ある種の歪さや意外性が加わらないと、遺書としてのリアリティーが生じてこないように思ってしまうわけである。

だがそのリアリティーとは、いったい何なのだろうか。遺書をいくつも見るような体験をする人は稀だろう。世間に公開されたいわば「有名な遺書」がモデルになっているのではないか。たとえばわたしが真っ先に思い浮かべる遺書は、マラソン・ランナーの円谷幸吉である。おそらく我が国でもっとも有名な遺書のひとつではないか。

円谷は昭和三十九年の東京オリンピックで三位に入賞している。日本陸上界においては二十八年ぶりのメダル獲得ということで大いに世間を湧かせた。わたしは当時中学生で、沿道でマラソン・ランナーに旗を振った記憶がある。「頑張れ〜」と脳天気な声援も送った。ただし裸足のエチオピア人、アベベの姿は鮮烈だったものの円谷の姿はまったく思い出せない。存在感が薄いと感じられたようなのである。だから自殺したと聞いても、いまひとつ「ぴんと」こなかったのであった。

円谷は、次のメキシコ大会でこそ金メダルを、と大いに期待された。いや、期待され過ぎた。彼の身体はもともと問題を抱えていたのである。腰痛がひどく、昭和四十二年には椎間板ヘルニアとアキレス腱の手術を受けた。が、結果は思わしくなかった。リハビリも上手くいかず、記録は低迷した。努力で補える範疇の問題ではない。だがそれを言い立てて理解してもらえる雰囲気ではなかった。自衛隊体育学校に所属していた彼は周囲からの「期待」という重圧（当時、それは日本のため、自衛隊の名誉のため、といった悲壮なニュアンスが強かった）に耐えられなくなった。期待に応えられそうにないという気まずさ、自己嫌悪は強大なものとなって円谷を圧迫した。

昭和四十三年、すなわちメキシコ・オリンピックが開催される年の一月九日朝、自衛隊体育学校宿舎で彼は頸動脈を剃刀で切った。激しく血が噴き出し、円谷は走る苦しみから永遠に解放された。享年二十七。遺書は便箋に万年筆で記され、そこに血飛沫が掛かっていた。

父上様母上様　三日とろゝ美味しうございました。干し柿、もちも美味しうございました。

敏雄兄、姉上様、おすし美味しうございました。

勝美兄、姉上様、ブドウ酒、リンゴ美味しうございました。

巌兄、姉上様、しそめし、南ばんづけ美味しうございました。

喜久造兄、姉上様、ブドウ液、養命酒美味しうございました。又いつも洗濯ありがとうございました。

幸造兄、姉上様、往復車に便乗さして戴き有り難うございました。モンゴいか美味しうございました。

正男兄、姉上様、お気を煩わして大変申し訳ありませんでした。

幸雄君、秀雄君、幹雄君、敏子ちゃん、ひで子ちゃん、良介君、敬久君、みよ子ちゃん、ゆき江ちゃん、光江ちゃん、彰君、芳幸君、
恵子ちゃん、幸栄君、
裕ちゃん、キーちゃん、正嗣君、

立派な人になって下さい。

父上様母上様、幸吉は、もうすっかり疲れ切ってしまって走れません。

何卒お許し下さい。

気が休まる事なく、御苦労、御心配をお掛け致し申し訳ありません。

幸吉は父母上様の側で暮らしとうございました。


書き写していると、美味しうございましたという語句の単調なリフレイン、人名と飲食物の羅列がミニマル・ミュージックのように脳へ作用し、意識がいくぶん朦朧としてくるような気配が立ちのぼってくる。いかにも現世と彼岸とを結ぶ文章のように思えてくる。川端康成がこの遺書を絶讃したのも無理からぬ気がする。

リフレインというか繰り返しというか畳みかけるというか、そうした話法が持つ素朴な説得力には、ときには眩暈がしそうになる。

いささか脱線するが、ここにおそらく半世紀前に書かれたと思われる告発状を紹介してみたい。警察署宛に投書されたものの、警察が困惑して地元の精神科病院へ渡した。そのまま診察室の机の中に放り込まれていたのを、派遣でその病院へ行ったわたしが発見したという次第である。なお告発状にある斉藤美英なる人物は、大昭和製紙の経営者一族には、いない。字面が似た名前としては、斉藤英了が一九六一年から一九八一年まで社長を務めている。

大昭和の社長斉藤美英と言ふ野郎はあれ程立派に見えても中へはいると実に残酷な事をする野郎でヒロポンの注射をして夜も晝もねる事なく、全身にゴムの肌着を着し、電気催眠術器を使ひ、録音機を使ひ電気の焦点をとばし、家の中を照らし、催眠術にかけて録音機をかけて電気の焦点の電光の中に入れて恐ろしい言葉を電送して、人を苦しめ、困らせ、人を殺し、人を気違ひにしてゐる野郎なのです。実にあの野郎は大悪党なのです。眠ろうとすれば電気の焦点をピシン〳〵とあてゝ苦しめその行ひと言つたら、その残酷さと言つたら実に皆さん想像も付かないひどい事をするのです。レンズを入れた電気の焦点をとばし、電波で恐ろしい事を電送して苦しめるのです。私は二十一ヶ月間レンズを入れた電光に包まれ、眠つてゐる所を催眠術にかけられ、録音機にかけられ、気違ひにされ、それは〳〵ひどい目にあわされて来ました。私は一昨年の八月から一日として電気にかけられない日はなく夜も晝も休みなく録音機で言葉を電送され、電気の焦点をあてられて苦しめられてゐるのです。此の頃ではすつかりやせて仕舞ひました。空を見ていると電光《イナビカリ》をスーッととばしてよこすのです。家の中の電灯も明るくし、室の中へもむらさき色の電気の焦点がとんできます。今晩こそは貴様をぶっ殺すぞ、電気をかけて貴様をぢり〳〵殺して行くのだ、電波で催眠術にかけて気違ひにして貴様を殺して行くのだ。便所へ行くと硫酸をぶつかけるぞ、裁縫をしていると後ろから首をしめるぞ、風呂へ入ると後ろから首をしめるぞ、社長のやつてゐる事をしつてゐる貴様を絶対に生かしてはおかないのだ。あらゆる病気を引起させて貴様を絶対に生かしてはおかないのだ。あらゆる病気を引起させて貴様を殺して行くのだ。貴様の大脳を貫通するぞ、貴様を氷の様に冷たくして仕舞ふのだ。電気、電波で苦しめて殺せば絶対に警察へは分らないのだ。電波を利用し催眠術にかけて貴様を殺して行くのだ…とそれは〳〵恐ろしい事を電波にしてゐるのです。あの斉藤美英と言ふ野郎は目的場所を電気で照らし、その中を自動車の中へバッテリーを持込みゴムを着て電送してゐるのです。何としても惨酷此の上なき事を蔭ではやつてゐるのです。表面上はお金持ちの名声をたてに蔭では此の様な残酷な事をし、恐ろしい事をしてゐるのです。あの野郎こそ人非人です。電気で人を殺す野郎です大悪党なのです、社会の皆様是非大昭和の社長の行ひをとりおさへて下さい。あの野郎に電気の焦点をあてゝ催眠術にかけたならば実に恐ろしい行なひが続出する事と確信いたします。あの野郎の行ひを此の平和な社会に引づり出して法の裁きをにかけて下さい。あの野郎こそ人類の敵です、斉藤美英と言ふ社長の一家族こそ実に〳〵惨酷極りない奴等ばかりです。

富士宮市住人

吉原警察署御中

プロレタリア文学ふう空想科学読み物、ないしは江戸川乱歩的文体といった味わいで、荒唐無稽な「どぎつさ」が横溢している。しかしおそらく統合失調症と思われる書き手の苦しさがありありと伝わってくる。実物は二枚の便箋に万年筆で書かれ、なかなかの達筆であった。「電気の」「電波で」という繰り返しの効果は絶大である。

それにしても円谷の遺書の物悲しく切ない響きはどうだろう。先立つ不孝をお許し下さいパターンの最高峰と言うべきか。つい小賢しげな顔をして「まさに死に際して、日本人特有の家族主義的かつ演歌的ウェットさが無意識のうちに前景化したものである」などと言いたくなってしまう。いつしか日本人論へと敷衍して語りたくなってしまうような、そんな普遍的な力強さがこの文章にはこもっている。

かつてナンシー関が、『一杯のかけそば』や『日本一短い母への手紙』に顕著なセンチメンタリズムが「横浜銀蝿」的なヤンキー心性と通底していると説き、「有意識・無意識にかかわらず〈銀蝿的なもの〉に心の安らぎを覚える人は、老若男女の区別なく人口の約五割を占めると私は見ている。勝手に、だが」と書いている（『ハイファッション』一九九六年七月号所収のコラム）。確かにそりゃそうだと言いたくなるし、そうなると円谷幸吉の遺書までが「銀蝿的なもの」に含まれそうな気になってくる。「美味しうございました」といった濃厚な案件には、どうも人を大上段に振りかぶる気分へ導くものがある。

もうひとつ、わたしにとって「そうか、これが遺書のリアルなのか」と思えるものがあり（藤村操の巌頭之感については第五章で触れる）、それは七十三歳にして首相官邸前でガソリンをかぶり焼身自殺を遂げた由比忠之進によるものである。弁理士であり日本エスペラント学会会員であった由比は、原水爆禁止運動に参加、被爆者の手記をエスペラント語に翻訳するといった業績も挙げている人物である（彼については、第九章であらためて述べたい）。

昭和四十二年（一九六七）十一月十一日の夕刻、由比はアメリカの北爆を支持した当時の首相・佐藤栄作が訪米することへの抗議行動として自らの上半身にガソリンをかけて焼身自殺に踏み切った。残されたカバンの中には、「内閣総理大臣佐藤栄作閣下」と宛名の書かれた抗議文と、以下に掲げる遺書が入っていた。ともにボールペンで書かれ、遺書のほうは自死直前に走り書きされたものであった。ちなみに「静《しず》」は奥さんの名前である。

きょう自殺決行するとなるとやっぱり興奮するとみえ、一晩中、抗議書作成その他で一睡もしなかったが、少しも眠くなかった。朝出かけるにあたって机上を整理したのだが、静は何ら疑いをかけなかったので落ち着いて出かけられた。死期が迫っているにしては冷静でおられると思っていたのだが、虎の門に近づくにつれ胸がずきずきし出した。首相公邸に近づくにつれ、ますます激しくなった。

やっぱり死というのは大変なことだ。いよいよ公邸の前に来たが、通行人がいっぱいで到底、決行が出来ないので素通り、夕方まで待つことにし、ついに山王に来た。

石段にかけてこれを書いた。焼身に成功したら、写真機は左記の人に渡して下さい。

　文京区本郷二丁目、日本エスペラント学会・三宅史平氏。

妙に醒めたトーンがかえって生々しい。遺書というよりも日記に近い感じで、なるほどこうしたスタイルの遺書もあるのかと思わせられる。そして最後はカメラをこの人に渡してくれと業務連絡みたいに書き添えられ、この淡々とした、そして微妙にちぐはぐな感触がかえって強い存在感となって迫ってくる。

　円谷の遺書と由比の遺書には、いろいろな意味で正反対なところがあるが、両者ともに遺書としてのリアリティーといったものの裏付けとしてわたしの脳裏には濃く刷り込まれているのである。

　さてここに『自殺に關する研究』という本がある。昭和八年（一九三三）六月十日、大同館書店発行。筆者は山名正太郎という人で（明治二十七年〈一八九四〉生まれ、没年不明）、大阪朝日新聞社を振り出しにジャーナリスト畑を歩んだ人らしい。自殺および話し方指南の本を多く著し、だが『筆跡による性格診断』（創元社、一九六四）なんて本や『ネコおもしろ読本』（泰流社、一九八七）なんてものも出版している。後者は九十三歳で出版した勘定になり、どうもよく分からない人物なのである。
『自殺に關する研究』に話を戻すと、序文が妙な感じなのである。新字新仮名づかいに直して最初の七行を書き写してみよう。

何でもよい、恋文だろうが離縁状だろうが借金証文だろうが、あらゆる記録の蒐集を企て、そのうち自殺心中の遺書に興味をもったのが動機で自殺研究とはなったのである。どうした動機でそんな研究をするのかと、よく人から問われるが、筆者の研究由来は以上の通りである。始めてから既に十余年であるが、一向に進捗をみない。しかし相当に努力をしているつもりである。新聞の上でも、心とか中とか、そういった活字が目につくと、心中じゃあないかと視神経は異常な活躍をするのである。時には死魔にとりつかれたのではないか、と思うようなことがあり、研究物を放棄しようと考えたことも幾度かあった。

すなわち山名氏は熱心な遺書コレクターなのであり、その延長として自殺研究の本まで出す結果になったようだ（新聞社に所属していたことが、コレクション活動には有利に働いたのであろう）。確かに遺書についてかなりの紙数を割いており、どこか自慢げな様子が見て取れるような部分もある。遺書コレクター的心性が窺われる人物がもう一人いて、長く浜松医大の教授を務めた大原健士郎（一九三〇〜二〇一〇）である。自殺研究と森田療法で名を成し、一般向けの著作も多いが、遺書のあれこれを写真とともに開陳して説明する様子はどうもコレクターっぽい。『自殺日本――自殺は予知できる』という本があって（地産出版、一九七三）、その前書きでは「当時、新聞で『自』という文字をみると『自殺』にみえ、テレビのドラマをみていても、すべて結末が自殺で終わると推理して、妻子の顰蹙を買ったものである」と自殺研究に打ち込んでいた若い時代を回想している。

山名の本には「無名自殺者の遺書」という章があり、いわば彼の集めた遺書傑作選といった趣なのである。それらの中から、わたしなりに「なるほど、これぞ遺書だなあ」とリアリティーを感じたものをいくつか引用してみたい。

◆私達二人は、今この清らかなそして無心な海に歸ります。お手數ですが風呂敷包のなかの金と品物とで、二人の死體を一緒に葬つて下さい。お願ひいたします。この手紙は月光で書いたものですから、讀みにくひかも知れませんが判斷してよんで下さい。

旅のものより。

◆自分は死といふものに對して非常に恐怖の念を抱いて居つたが、今にして考へれば、餘りに小心であつた。死は人生の最も樂しいものである。私は決して死を恐れることはしない。私は安らかに死に就く。そして樂しく神の御手に救はれる。さらば恩愛深き父母よ。決して、自分の死を悲しむなかれ。

◆僕は大阪の者です。この世の中に生きてをられぬ事情があります。僕の家は非常にユックリしてをりますけれども、父母は嚴しいのです。父母達（※ここで途絶）

◆此世の暇ごいに一筆のこす。私はぶきりよ。おまいは、いい女だよ。けれどおまいは元より薄情、よくも喜一のばか野郎を取つたな。私は殘ねんでくやしいけれど、おまいには世話になつてゐるから死んでおれいをする。おてるのあまと、喜一の馬鹿ヤロ、くやしければ私の處へこい。こなければ化けて出るから覺悟をしろ。サヨナラ。

◆十七日。日曜日です。
折角つらい苦しみをこらへて待ちにまつた今日も、不意になつたのかと思へば情けないです。くやしいです。午後、松竹座へ行きました。藤間静江のお七狂亂を見ました。氣分がおちつくどころではありません。益々いやな事ばかりが頭に浮びます。一そう、お七のやうに狂人になつて戀に狂ひ死にたいです。
もうかくのはやめます。僕はもうだめです。

右に紹介したものは比較的長文に属する。遺書というよりも警句に近い形式のものが近頃（といっても昭和の初頭）は非常に増えたと山名は述べている。「遺書の半數はそれだといつてよい位である」。世はスピード時代ゆえに遺書も手短なのがモダンということなのだろう、なんて解説は付されていなかったが。わたしが仕事に関連して実際に目にした遺書も警句タイプのほうが多かった。

◆人生は葬式の行列なり。（二等卒の遺書）
◆死の道へドライヴす。（寶塚劇場飛降り）
◆煩悶多き結婚は正しかることなし。（青年の轢死）
◆野火焼けども盡さず、春風吹いてまた生ず。（住職の遺書）
◆死と戀愛は人生の第一條件なり。（僧侶と人妻の心中遺書）

大原健士郎が紹介していたケースでは、「ピースの箱の裏に『日本の皆さん　さようなら』と書いていたり、汽車のばい煙で黒くなっている陸橋の橋けたに小石で、『女とは月の如し　ただ夜のためにつくられたるものなり』と書いていた例もある。後者は、失恋のための腹いせかもしれないが、なかなか名文（？）を残している。口紅でチリ紙に『死にます　サヨナラ』と書いた女性の遺書もあった。下駄に書きつけたものもある。／ものぐさな人なのだろうか、ある小説の『もう死ぬ以外に道はなかった』という一節に、赤鉛筆で丸印を入れて死んだ例もある」とのことだが、「日本の皆さん　さようなら」と、おどけた調子の遺書は確かにありそうだ。いわゆる躁的防衛に近い心性が働いた結果かもしれない。

漠然と予想していたスタイルの遺書がおおむね出揃った気がする。逆に言えば、死に際しての最後の言葉の多くはまことに散文的で、意表を突かれたり身震いするような文章はまず滅多にないようなのであった。もしもわたしが自殺をすることに決めて遺書を認めたとしても、所詮はありがちなパターンのひとつになってしまうわけでもある。遺書の下書きをしたり推敲を重ねるのはおかしなわけで、だがそれを行った挙げ句に月並みになってしまうのは悲しい話である。まあ死そのものが、誰にでも訪れるという点では月並みそのものなのであり、そこに関連してユニークさを持ち込もうなんて発想をすると絶対に成仏などできないのであろう。

実は本章を書くに当たってちょっと期待していたことがある。遺書を書き写す（本当はキーボードを叩くわけであるが）という行為は、いわば写経に近い営みではないのか。つまり書き写す作業を通じて、いつの間にかヒトの魂の根源的な部分に触れられるのではないか、さらに申せばこの章を書き上げたあとは、わたしは物書きとしても精神科医としても（何の努力もしないにもかかわらず）一回り大きくなるのではないかと楽しみにしていたのである。

だが結果としては、そんな上手い話にはならなかった。むしろ「ありがちな」案件を確認しただけといったことに終わったのであった。ときたま言霊信仰的な気分になるわたしの、完全な独り相撲だった次第である。


遺書について、もうひとつ述べておきたい。生を終える最後の言葉といった観点からは、遺書は一通であるべきだろう。その一通に万感の思いを込めるから意味があるわけで、だから、たどたどしい文面や稚拙な表現こそがより遺族の心を打つのも無理からぬといった話になってくる。年賀状じゃあるまいし、あちこちに何通も残すのは釈然としない。

しかし『自殺に關する研究』には以下のような記述がある。


遺書は幾通もつものか。一通から三通までを普通とする。二通を用意するものが最も多い。情死者は別々に書かず男の次へ女が添書する。

松本市外琵琶の湯の湯治客（五一）は一家四人情死をとげたが遺書は十通あつた。長野縣の女工（二二）は四十通の遺書を發送して工女部屋で縊死した。滋賀縣の呉服店員（三六）は遺書四十八通をもつて柿の木で首を縊つた。美濃紙には三千六百字をかいてゐた。
　大阪市のブローカーは遺書三十通をもつてゐた。そのうち封筒に入れたものが十六通、電報用紙に「ジンセイコウロノギャックキヨウニタチジサツス」と十四通認めてゐた。辨天島で投身した同性愛の娘は十二通の遺書があつた。栃木縣都賀郡の選擧運動員（五〇）は落選を聞いて自殺したが十五通の遺書をもつてゐた。朝鮮連絡徳壽丸の一等船客（二四）は二十四通の遺書を旅館の封筒に入れ切手まで貼つておいて自殺投身した。参宮線で轢死した娘は百二十通の戀文を懐中してゐた。醫師に捨てられたからであつた。

　四十八通とか百二十通の遺書というのには、困惑せざるを得ない。自殺者としてのメッセージといったもの以外に、何かもっと別な情熱だか意志が働いているように思えてくる。そんなことを考えながら、松本清張の短篇を思い出した。彼も「やたら沢山書かれた遺書」という事象に気付き、それに対する考察を小説にまとめ上げたのかもしれない。題名が「八十通の遺書」で、『文藝春秋』昭和三十二年四月号に発表されている。

留吉という人物は、高等小学校を出たあと電気機具会社の出張所の給仕になった。そのときに出張所の所長だったのが大森秀太郎で、内向的で屈折した人物であった。その後会社はつぶれ、大森は自分で商事会社を興してそれなりに業績を上げ、留吉は留吉なりに努力はしたがさして芽の出ないまま五十を迎えようとしていた。倒産以来、二人に接点はなかった。だがたまたま有楽町で地方新聞を買ったら、そこに小さな記事が載っていた。あの大森秀太郎（六〇）が借金苦から剃刀で頸動脈を切って自殺したというのである。

記事には、気になることも書き添えられていた。「関係者にあてた八十通の遺書があった」と。八十通とは、尋常ならざる数字ではないのか。

だが八十通の遺書を書く仕事の厖大さが留吉の頭の中に改めて泛んだ。これだけの遺書を書く精力の密度である。大森秀太郎のそのときの思考はどのような状態であっただろう。

八十通の遺書が一ぺんに書ける訳がない。彼は毎日毎日、何通かずつ書き溜めていったように考えられる。留吉はそれに没頭している大森秀太郎の姿を想ってみた。その作業に彼は途中で倦みはしなかったであろうか。その倦怠は、生へ引き戻す誘惑になるに違いなかった。彼は、八十通を完成するまで、必ず生の欲望と闘ったに相違ない。誰も居ない所での闘いである。

それとも八十通を克明に書きつづけてゆく作業が、大森秀太郎に死を既定なものに追い込む呪縛的な条件になったのだろうか。それなら彼は初めから己の性格を知っていたといえる。つまり、その条件を構造して、厖大な量の遺書にとりかかったのかも知れない。

留吉は、ふと自分の叔父の自殺の時を思い出した。叔父は、家庭の不和から遺書一つ無く松の木に縊れて死んだ人である。留吉が少年の頃だった。叔父の長く垂れ下った足もとには、四、五十本の煙草の吸殻が散っていた。これだけの夥しい煙草を喫いながら、叔父は山林の中に屈んで何の想いに耽っていたか。この死の直前に考えた時間の煙草の残骸は、どんな遺書よりも凄絶であった。

叔父は死との闘いのために、三本五本と煙草を喫いながら、遂に四、五十本の吸殻を地上に捨てた。彼にははじめからそれだけ喫うつもりはなかったに違いない。

すると大森秀太郎も、初めから八十通の遺書を書く予定は無かったかも知れなかった。彼は三十通書いては喘ぎ、四十通、五十通、八十通と勇気を堆積していったのであろう。

なるほど、松本清張の言う通りだろう。ただし大森秀太郎というキャラクターから離れてみれば、「日本の皆さん　さようなら」とおどけるようなノリで、ただただ残された人々を呆れさせるためだけに、ひたすら八十通の遺書を書きまくるようなケースもあり得そうな気がする。斜め上の的外れな情熱を引き出しかねないのもまた、遺書におけるリアルのひとつであるに違いない。

◆
◆
◆

わたしたちはいつだって予想通りの安心感と、思ってもみなかった意外性の双方を同時に求めがちである。すなわち安全とスリルを一緒に望むわけで、そんな身勝手な要望に対する回答のひとつが例えば遊園地のアトラクションであったり、映画やゲームであったり、多くの娯楽ということになる。

そうした身勝手な姿勢は、第三者として遺書を読む場合にも当てはまるだろう。人間であることの凡庸さと、自ら死を選ぼうとする者の特異性や奇妙さ——その双方を、無意識のうちに、いっぺんに味わいたがってしまう。さらには極めて個人的な、あるいは秘密に属する文章を覗き込む「いかがわしさ」が、特別なスパイスとして作用する。当事者でない限り、遺書は娯楽に、さもなければポルノグラフィーに近いものとして位置づけられ得るということだ。

遺書のリアリティーとは、つまりいかがわしげな娯楽性そのものということになる。感傷も涙も当惑も好奇心も含めての娯楽である。娯楽という言葉を不謹慎と詰るのは簡単だが、そのような単細胞な人物にとっては八十通の遺書が孕む「精神の働きの多様性」も、「日本の皆さん　さようなら」も、おそらく一生理解の及ばない事案であるに違いない。

第五章
自殺の七つの型——1
美学・哲学に殉じた自殺

自殺について語るためには、やはり分類が必要だろう。そうしなければ話が散漫になってしまう。焦点がぼやけてしまう。だが、自殺の分類としてスタンダードなものは存在しない。そこで仕方なく、自己流で、原因別に、とりあえず七種類に分けてみたい。七種類というのに格別な根拠はない。思いつくタイプをあれこれ列挙してみたら自然に七つに落ち着いた。

以下にそれら七つを列挙すると——

①美学・哲学に殉じた自殺。
②虚無感の果てに生ずる自殺。
③気の迷いや衝動としての自殺。
④懊悩の究極としての自殺。
⑤命と引き換えのメッセージとしての自殺。
⑥完璧な逃亡としての自殺。
⑦精神疾患ないしは異常な精神状態による自殺。

列挙はしたものの、視点によってその自殺が二つの分類項目に跨ってしまったり（たとえば厭世自殺と呼ばれるものは②かもしれないし③や④⑥の可能性もあるだろう）、あるいは分類の困難なケースもありそうだ。それでも理念型として、こうした分類はやはり必須と思われる。人によっては、あらゆる自殺は⑦でしかないと主張するかもしれない。それも一理はあるけれども、自殺を理解するうえではそのような決めつけは粗雑に過ぎないか。

とりあえず、それぞれの項目について順番に論じていきたい。

◆◆◆

美学・哲学に殉じた自殺

わたしの手許に一冊の古雑誌がある。『月光――LUNA』の一九八五年六月号で（東京デカド社発行）、表紙は憂い顔の短髪少女（高畠華宵の挿絵を拡大・トリミングしたもの）だ。この雑誌はいわゆる耽美派、今で言うところの腐女子やヴィジュアル系愛好者、あるいは自意識過剰な文学マニア御用達の雑誌であった。既に廃刊している。巻末には文通希

望のコーナーがあり、

〈東久留米市　聖文斗　18才♀　都内に住んでいていつでも泊めてくれる明るい美形求む。又、泊めてくれなくても美しい方とならプラトニッククラブしたい。私は公では明るく一人になると暗いデビシルと性格や考え方が似ていると思っている魚座O型１６５㎝。写真同封〉

〈東京都　人形つかい　ヨーロッパ映画に4AD、シュールレアリスム大好き。頽廃的でサドの私に、刺激を求める女の子、お手紙ください。優しくいじめてあげます。私は、二十代後半のスリムな♂です〉

といった調子だ。今や還暦前後の彼らはどんな暮らしをしているのだろうか。町田町蔵（現・作家の町田康）が率いていた人民オリンピック・ショウのインタビューが読みたくて購入したものの、雑誌全体のトーンには辟易した記憶がある。

さて件の六月号の特集は「自殺」であった。なぜそれを特集したのか、その趣旨はどこにも記されていない。唐突に「自殺」である。八三年に京王プラザホテル屋上から飛び降り自殺を遂げた美形の俳優、沖雅也の養父であり同性愛関係を噂されていた日景忠男へのインタビュー「沖雅也と私」に頁がかなり割かれており、もしかするとインタビューが成功したのでそこから遡行して自殺特集が企画されたのかもしれない。
特集の巻頭には無署名で「自殺の研究」という文章が載せられ、その冒頭部分は、

フランスのダダイスト、シュールレアリストのルネ・プレヴェル（引用者注・クルヴェル Crevel が正しい）は、自分の仲間達が作った芸術雑誌、『シュールレアリスム革命』が、〃自殺は解決策になるか〃という企画を立てて、アンケートを募ったとき、「ガス・ストーブに紅茶のポットを置く。窓をきちっと閉める。ガスの栓をひねる。マッチの火をつけるのを忘れる。悪い噂はたたないし、懺悔のお祈りを言う時間もある……」と答えた。これは〃完全なる自殺法〃として、アンケートを受ける前から考えていたアイデアで、その目的は〃いかに自殺とさとられずに自殺を遂行するか〃という所にあった。

と、なっている（アンケートが行われたのは一九二五年で、きっちり十年後にルネ・ク

ルヴェルは実際にその通りの方法で自殺を遂げた。シュルレアリストたちの内紛に関わる苦悩に加え、肺結核の悪化を知って絶望したためであった。なお彼の父も自殺をしており、動機は不明であった)。この妙に日常とシームレスにつながった自殺方法をおそらくチャーミングだと言いたい気配が文面からは窺え、それこそ「いかにも」な冒頭なのであった。したがって特集内容はまさに推して知るべし、自殺への素朴な憧憬と美化といった案配である。

さてこのような雑誌から話を始めたのは、耽美的とか孤高を愛するとか猥雑な現実を憎むとかそういったベクトルと自殺とは確かに親和性が高いと思えるからである。言い換えれば、老いや衰え、劣化、妥協や迎合や凡庸を憎み、そんなものに支配されてしまうくらいならばいっそ自死を選ぶことこそ純粋な精神のありようであるといった価値観である。さきほど名前の出た沖雅也は三十一歳で自ら命を絶ったが、超ナルシストであった彼は常々「三十歳を過ぎたら俺は死ぬ。年老いて醜い姿をしてまで生きたくはない」と洩らしていた。その覚悟を実践したというわけである。

ただし彼は精神的にかなり不安定で、死の数年前から抗うつ剤を服用し、その副作用で浮腫《むく》みや肥満、体調不良に悩まされていたという。そうなると自殺の理由は精神疾患に由来する現実検討能力の低下や副作用に基づく容姿の劣化に帰すべきかもしれない。いかに強烈な美学があったにせよ、あながち「三十を過ぎたら老醜」といった単純な話ではなかったらしい。

年齢を重ねることを成熟とか円熟とは捉えない人たちがいる。彼らには老いることを「純粋さや瑞々しさ、柔軟さや閃き、率直さや真摯さ等の喪失」とか「俗悪な世の中に魂を汚されていくプロセス」と見なす視点があるようだ。若さはピュアで美しいと信じたくなる気持も分かる。夭折に憧れ、ロックミュージシャン二十七歳死亡伝説を信奉し、左翼活動家のジェリー・ルービンの言葉"Don't trust over 30"に共鳴し、エゴン・シーレの展覧会のポスターを壁に貼り、ランボーやラディゲやサリンジャーを本棚に潜ませなければ、通過儀礼としての青春を送ったことにはならないだろうし。

けれども、三十歳になったからオレはもはや信用に値する人間でなくなってしまった、と嘆きつつ潔く自殺した人は本当にいるのだろうか（ジェリー・ルービンはぬけぬけと変節を遂げ、ウォール街でトレーダーとなって大儲けし、やっと五十六歳で交通事故死したクソ野郎だ）。自分はオジサンやオバサンにしか見えなくなってしまったと気落ちすることはあっても、だから自ら死を選ぶ人などいるのだろうか。沖雅也にしても、やはりうつ病が最大の原因で、そこに抗うつ剤の副作用とか他の要因が絡んだだけではないのか。生きながらえたまま若作りに腐心したり整形を繰り返すほうが、その見苦しい態度においてよほど人間らしくリアルだ。美学に殉じて自死するというのは、もしそんな人物がいたとしても、本当はもっと別な原因が潜んでいて、ただしそこに乗じる形で美学的問題が前景化しているだけのように思えてならない。

というわけで美学に殉じた自殺というものは、たとえあったとしてもそれはレアケースか「そのように見せかけただけ」ではないかと勘ぐりたくなる（美学をロマンチックと読み換えれば、心中の一部はなるほどロマンチックに殉じたケースでありそうな気はする。複数の人間が意気投合すると、アクション発動の閾《しきい》は急に低くなるのが通例である）。にもかかわらず、少なくともわたしは「美学に殉じた自殺」といった項目を立てずにはいられない。なぜなら自分なりの美学を貫く生き方に固執する（だからといって、その美学を本当に貫き通せるかは別問題である）人たちは決して稀ではなく、ならばその延長として「美学に殉じた自殺」といったものをもつい反射的に想定したくなってしまうからである。

だが主義としての生き方と「それに殉じて自ら死を選ぶ」こととは、決して直結しているわけではあるまい。直結させたくなる心性は、まことしやかな都市伝説に惹かれる安易な心性と大差がないだろう。やはり死は特別なことであり、死を前にすれば信念も美学も平気で撤回しかねない――そんな「人としての弱さ」を認めてこそ、世の中を理解し許容できるようになる筈だ。

ネットで、美男美女の俳優やミュージシャンたちが加齢や病気、整形の失敗などで「こんなになっちゃいました」という残酷な写真を見つけることは簡単だ。わたしはこういった写真を眺めるのが大好きで、いったいどうやって過去の自分と現在の自分との折り合いをつけているのだろうと想像するのがまことに楽しい。ざまあ見ろといった意地悪な気持も満喫する。いや、そういったものをも提供してこそのスター稼業ではないのか。

見る影もなくなったスターたちが、絶望だか恥ずかしさだか自己嫌悪で自殺することは滅多にない。自暴自棄がせいぜいだろう。それなりに工夫して自己正当化するのか、諦めるのか無視するのか、さまざまな作戦が総動員されたに違いない。だがそんな彼らを不純で見苦しい奴らであるとわたしは思わない。やっと彼らも理解可能なリアリティーを感じさせてくれるようになったなあと、親しみを覚えることになる。自分の不細工さに絶望して自殺しなくてよかったなあと、老境のわたしは若い頃を振り返って胸をなで下ろしたくなる。

ヴィスコンティ監督の『ベニスに死す』でタジオ役を演じたビョルン・アンドレセン（一九五五年生まれ）は、究極の美少年的な賛美をされたが結局は一発屋的な存在に終わり、今では家庭を持ち音楽教師として生計を立てている。近影を見ると、ジゴロのなれの果てみたいで（皺だらけだが、肥満していないのはさすがである）、相応の常人離れした迫力はあるものの「あの美少年が……」と絶句する。そしてその絶句を味わいたい人がいかに多いのかは、ネットで検索すれば過去と現在の比較写真が実に沢山出てくることからも分かる。比較写真を眺める我々のほとんどは、一瞬、若さと美しさを失ったために自殺を図る三十歳のビョルン・アンドレセンという物語を反射的に思い描いてしまう筈だ。でも彼でさえ、ふてぶてしく生き続ける。カッコいい／カッコ悪いの双方を往き来しながら、両義的に生き続けるのである。

なお彼は二〇二〇年に公開されたホラー映画『ミッドサマー』（アリ・アリスター監督）で、実際の年齢より七歳も上の老人役で出演し往年のファンを驚かせた。さらに二〇二一年にはドキュメント映画『世界で一番美しい少年』（クリスティーナ・リンドストルム、クリスティアン・ペトリ監督）が作られ、そこでは性的搾取をされた美少年という視点で描かれているらしいが未見である。

リアルタイムで『月光――LUNA』を愛読していた若者たちが、今ではコレステロール過多の鈍重な中高年になり果てているのかと思うと、それもまた人生の味わいだねと訳知り顔で呟きたくなる。

哲学的自殺（美学に殉じたケースと同様、抽象的理念に導かれた自殺という分類になる）というのはどうだろうか。このテーマでは必ず取り沙汰されるのが、藤村操《みさお》（十六歳の男性です）の案件である。明治三十六年（一九〇三）五月二十二日、当時一高（旧制第一高等学校）の一年に在学し、英語の時間には夏目漱石の講義を受けていた藤村は、日光華厳の滝へ身を投げて自殺を遂げた。

この自殺が世間の耳目を集めたのは、彼の自殺の理由が失恋や病苦、金銭的問題といった世俗的なものではなく（自宅は裕福だったし、当時の一高生は超エリートで将来を約束されていた。しかも彼は美少年であったという）、哲学的煩悶の挙げ句に死を選んだからだった。それだけではない。藤村は滝壺に近い場所に生えていた大きな楢の木の表面をナイフで削り、そこへ辞世の言葉、いわゆる「巌頭之感」を墨で書き残した。これが文の調子のみならず一種のパフォーマンスとして、おそらく世の人々には颯爽たるものと映ったのではないか。以下が「巌頭之感」の全文である。

悠々たる哉《かな》天壌、遼々たる哉古今《ここん》、五尺の小軀《しょうく》を以て此の大をはからむとす。ホレーショの哲学竟《つい》に何等のオーソリティーを価《あたい》するものぞ。万有の真相は唯《ただ》一言にして悉《つく》す、曰《いわ》く不可解。我この恨《うらみ》を懐いて煩悶《はんもん》、終《つい》に死を決するに至る。既に巌頭に立つに及んで、胸中何等の不安あるなし。始めて知る大なる悲観は大なる楽観に一致するを。

妙に人の心を高揚させるようなトーンに満ちている。この事件を本邦初の哲学的自殺として世間に喧伝し煽ったのは、赤新聞として知られていた『萬朝報《よろず》』の主催者、黒岩涙香であった。彼は藤村操が自殺した四日後に同紙へ「少年哲学者を弔す」という文章を寄せ、「我国に哲学者無し、此の少年に於て初めて哲学者を見る、否、哲学者無きに非ず、哲学の為に抵死する者無きなり」と賞賛した。もっとも黒岩は、自著『天人論』をこの事件に絡めて宣伝するべく筆を執ったらしいが。

前章でも触れた精神科医の大原健士郎は、一般向けに書いた『自殺日本——自殺は予知できる』(地産出版、一九七六)において、「いずれにしても、この華厳滝は、藤村操のおかげで自殺の名所になった。その当時の村役場には、変死体第一号に〈藤村操〉の名が書かれ、その理由として〈哲学的自殺〉と書かれているそうである。その後も陸続として自殺があとを断たず、自殺者の数は流行的に、爆発的に多くなったと伝えられている」と記している。確かに連鎖自殺は大変な勢いであったらしく、藤村の死から四年間のうちに華厳の滝へ身を投げた者は未遂を含め一八五名に達している。

どうやら哲学的自殺なるものは、藤村操のそれを契機に人が死ぬための新しい口実を提供する結果となったようなのであった。ひとつの発明と評価すべきなのかもしれない。朝倉喬司は『自殺の思想』(太田出版、二〇〇五)で藤村の書いた手紙について述べる。

多出するボキャブラリーは、主観、客観、悲観、解釈、懐疑、知識、空間、時間、哲理、そして「巌頭の感」を彩って、やがて流行語のようになった煩悶、等々、抽象的な概念を表すものがほとんど。またその大部分が、明治になって西洋の諸学、諸思想を輸入する際の、いわば受け皿として、漢語や仏教用語をベースに新たに「創られた」語である。まあこれは、志望が哲学研究であり、一高入学直後のころ、安部に、「ぼくは科学、倫理、宗教を超越せる純正哲学をやるつもりだ」と豪語したのだという藤村にしてみれば、当たり前の話ではある。私の現在からする関心の焦点は、こうした、新たに「創られた」抽象言語思考を、当たり前に使いこなせるようになった藤村の世代に、（おそらくはそれゆえに）自殺の、デュルケム（引用者注フランスの社会者・哲学者、1897年に『自殺論』を刊行）のいう新たなタイプが「創造」されたことにある。

これはなかなか興味深い指摘だろう。なるほど新たに創られた抽象言語が不安定な若者の心に独特なドライブを加え、死こそが精神の純粋さを裏書きするといった発想を励起したのかもしれない。呉智英は「虚無に向きあう言葉」という論考（別冊宝島『自殺したい人びと』宝島社一九九九所収）で述べる、「この文体には、自らの自意識が近代という新時代の最先端にあるという藤村操の矜持が感じられる。それが青年の客気によるものだとしても、どこか人の心に響くものがあるのはこの矜持の故である」と。

朝倉の本には、次のような記述もある。

藤村は死の一ヵ月前ころ、一高でつき合いのあった魚住影雄に「煩悶ということはその言葉さえ快い」と、ふともらしたのだという。

また、やはり一高での友人、藤原正と、上野の森を散歩しながら「願わくは悶えわれ死なむ、おつに覚りてすまさんよりは」と、歌を口ずさみ、藤原に向かって「これがぼくの辞世だよ、よく憶えておいてくれ」と言ったのだと伝えられている。


煩悶する自分に酔っていたというわけだろう。衿持もあれば自己陶酔もあった。こうなると、むしろ自己愛に殉じた自殺と見なしたほうが適切なのかもしれない。そもそも、なぜ「巌頭之感」なんて大仰なものを書き残したのか。もっとさりげなく死ねなかったのかよ、と嫌味半分に言ってみたくなる。煩悶がそんなに偉いことなのかよと問い掛けてみたくなる。硯やナイフや蝙蝠傘まで持って自殺の場所へ赴くのは、ちと「あざとい」感触が透けて見えないか。

実は失恋が本当の自殺の理由であったという説は、過去に何度も唱えられてきた。こうした俗な理由であるほうが、我々凡人には納得がいくからであろう。あるいは、源義経のように藤村操生存説といったものもいくつかある。泉鏡花の新聞連載小説『風流線』のストーリーが藤村操生存説を取り込んでいるらしいが読んだことがない。鏡花の文章は、いまひとつ読みにくくて苦手なのである。

珍品としてはミステリ作家・斎藤栄の『日本のハムレットの秘密』（講談社、一九七三）がある。この小説では、藤村の投身は偽装自殺であり「巌頭之感」には暗号が隠されているという奇抜な説が披露される。「巌頭之感」において「ホレーショの哲学」という語句が出てくるが、ホレーショとは戯曲ハムレットにおいて狂言回しの役で登場する人物の名前であり、その関係から書名が日本のハムレットの秘密となっている。

では肝心の暗号についてはどうか。まず「巌頭之感」を、句読点を手掛かりに十のセンテンスに分ける ⇩【悠々たる哉天壌、／遼々たる哉古今、／五尺の小軀を以つて此の大をはからむとす。／ホレーショの哲学竟に何等のオーソリチーに値するものぞ。／万有の真相は唯一言にて悉す、／曰く不可解。／我この恨を懐きて煩悶、／終に死を決するに至る。／既に巌頭に立つに及んで、胸中何等の不安あるなし。／始めて知る大いなる悲観は大いなる楽観に一致するを】。それから、それぞれのセンテンスの頭の音を拾う（遼々は、旧仮名なので「り」ではなく「れ」）。すると【ゆ　れ　ご　ほ　ば　い　わ　つ　すは】となる。で、ここから先が何だかよく分からないのだが『華厳唯心義釈義』という書

物を参考に並べ直す。すると、
【ごゆはすつ　いわばほれ】すなわち「五湯は捨つ　岩場掘れ」となる。
というわけでいきなり塩原温泉の五色の湯へ主人公は辿り着き云々、と、最後はもう話がぐだぐだで訳が分からない。藤村操がわざわざ偽装自殺をした理由も判明しないのである。とにかく終わりのほうにこんな文章がある。

藤村操は、巌頭之感に遺したように、奥塩原に、他人には言えない秘密をもっていた。そして、ある時期まで、世の中へ出ることを、自分自身で禁じてしまった。

だが、彼の秘密は、時の流れと、関東大震災の余波による山崩れで、永遠に、地底に閉じ込められたのである。

既に、生ける屍となった彼は、晩年、ひっそりと奥塩原の山林で還らぬ人となり、無縁仏の墓に眠った……。

私は、遂に、この結論をえたのである。

他人には言えない秘密が何であったかちっとも分からなかったし、暗号を残した必然性も判然としない。偽装自殺の理由も曖昧だ。尻切れトンボの実にひどい小説である。よくもまあこんなものを講談社は出版したなあと驚かずにはいられない。だが、「巌頭之感」に暗号が隠されているといった着想は悪くないし、とにかく強引にでもそのアイディアで五百枚を書き上げてしまったパワーは認めよう。これほどに「巌頭之感」は日本人の心に染み渡っているという傍証にもなるわけであるし。

哲学的自殺とは、つまり理念的・観念的な理由に基づいた自殺というわけであろう。雑誌『ユリイカ』の一九七九年四月号は特集が「自殺——破局への意志」となっていて、雑誌の性質上、芸術家の自殺についての論考が多く収められている。どれも浅い内容ばかりだが、浅さの極めつけは文芸評論家の磯田光一（一九三一—一九八七）による「自殺と理想主義」であろう。いわく、「"Idealism"が〈理想主義〉を意味すると同時に、哲学上の概念として〈観念論〉をも意味することは、自殺の構造を考える上できわめて示唆的なことと思われる。理想主義者の目にうつった世界は、主観によって構成された観念の世界といってよく、ここに成立しているのはゾルレンとしての観念と、ザインとしての現実界との分裂状態といってもさしつかえあるまい。このとき自殺とは、〈あるべき自己〉と〈げんにある自己〉との間に一定以上の距離ができてしまったとき、前者を証明するために後者を物理的に抹殺する行為ではないであろうか」。

いかにも上滑りな論述である。「ないであろうか」かよ、ムカついてくるな。しかも、こんなことまで磯田は書き綴るのである。

自殺のすべてが理想主義の表現であるとはいいきれない。肉体的苦痛から逃れたいための自殺は、おそらく「安楽死」に近接している。最近の自殺事件についていうとき、日商岩井の常務の自殺には、「義理」「世間体」などが作用していて、内心の苦痛から逃れたいという願望も強かったであろう。

他方、某大学教授の子息が祖母を殺し、理路整然たる遺書を残して自殺したが、あの遺書は通常の道徳観念からみてどんなに歪んだものであろうと、哲学的自殺者を想わせる。そこには少なくともラスコーリニコフの思索の萌芽に相当するだけのものはある。これを裏返しの表現をとった理想主義と呼んで悪い理由があるであろうか。文学の〝毒〟は、いまやあの少年の遺書のようなところにしかなくなってしまったらしいのである。

何が文学の毒だよ、とそれこそ毒づきたくなってくる。インテリを自認する脳天気な輩が、いかに自殺を観念的に扱うかの見本としか思えない。

ここで「某大学教授の子息が祖母を殺し、理路整然たる遺書を残して自殺した」と述べられている事件は、一九七九年一月十四日に世田谷で起きた通称「朝倉少年祖母殺害事件」のことである。磯田が哲学的自殺者を想わせると言うからには、どんな出来事であったかとりあえず調べてみたくなるのが人情だろう。

概要は簡単である。当時十六歳(五歳下に妹がいる)、早稲田高等学院一年生の朝倉泉(男性)が六十七歳になる祖母を惨殺、ほどなく犯人の泉は飛び降り自殺を遂げたというものである。ただし、事件を特徴づける用件がいくつかあった。

まず、エリート一家で起きたということ。泉の父はお茶の水大学教授、母は津田塾大卒の脚本家、母方の祖父は東大卒の著名な仏文学者。そして父は東大で祖父の教え子でもあった。こうした人々の三世代家族で事件は起きたのである。もうひとつは、泉が長大な遺書を残して自殺したという点である。その遺書は自分をエリートと称し、きわめて傲慢かつ誇大的なものであった。さながら中二病の延長のような遺書の存在こそが、この事件を忘れ難いものにしたと言えよう。

泉は祖母に溺愛されて育った。母は脚本家で忙しく、父は研究一筋といった調子で、両親よりも祖母が生育に熱心な家庭だったのである。

彼は成績優秀で、だが中学生頃には小説に目覚めて成績が急落するも、スパルタ式の塾に通うことで学力を取り戻す。頭の良い生徒にありがちなパターンであり、しかし泉は塾で誤ったエリート主義を叩き込まれてしまった気配がある。中三で両親は離婚、父が家を出て行った。そのため、なおさら祖母の過干渉が著しくなった。慶応高等部の受験は失敗、早稲田高等学院へ入学した後は成績も立派だったが、一九七九年一月十日に長文の遺書を完成させ、さらにはそのコピーを三部作成、「朝日」「読売」「毎日」の三大新聞社へ送りつけるつもりだったがそれは実行しないまま、同年一月十四日正午頃、祖母の部屋（彼女の部屋と泉の部屋はドア一枚でつながっており、鍵はなかった）にて彼女の頭を金槌で殴打、続いて錐や果物ナイフで滅多刺しにして失血にて死亡させた。ほどなく泉は自宅を離れ、約二キロ離れた小田急線経堂駅北口ビル十四階から飛び降り自殺を図って死に至った。

さて泉が残した遺書（すなわち、磯田が言うところの文学の毒）とはどのようなものであったのか。自室からは二冊の大学ノートが発見され、一冊には犯行計画（シナリオ）が四頁にわたってメモされていた。これを読むとアリバイ作り云々などと完全犯罪を目指していたようで（どこまで本気であったのかは判然としない。また、計画通りに犯行は行われていない）、だが犯行後には自殺する意志があったこともまた記されていた。

もう一冊には、四百字詰め原稿用紙で九十四枚に相当する遺書が黒のボールペンで書き記され、字は丁寧で誤字脱字もほぼ見当たらなかったという。遺書は六章に分かれ、

第一章　総括
第二章　大衆・劣等生のいやらしさ
第三章　祖母、母
第四章　妹
第五章　むすび
第六章　あとがき

といった案配に構成されている。

第一章では、「私の、今度の事件を起こした動機をまとめておく」として以下の三つを

列挙する。

1、エリートをねたむ貧相で無教養で下品で無神経で低能な大衆・劣等生どもが憎いから。そしてこういう馬鹿を一人でも減らすため。

2、1の動機を大衆・劣等生に知らせて少しでも不愉快にさせるため。

3、父親に殺されたあの開成高生（引用者注　壮絶な家庭内暴力を重ねていた当時十六歳になる開成高校生の息子を、このままでは息子は犯罪者になってしまうと憂慮した父親が一九七七年十月三十日に絞殺、その後自首した事件）に対して低能大衆がエリートにくさのあまりおこなったエリート批判に対するエリートからの報復攻撃。

イライラしているのは分かるが、まとまりに欠ける条文である。祖母もまた貧相で無教養で下品で無神経で低能な大衆・劣等生に属するということになるらしいが、彼女はエリートの一族の一人ではなかったのか。どうも矛盾している気配が窺える。でも本文は意外にもしっかりしていて、たとえば第三章における母親の観察などは冷静かつシニカルで上手いものである（書いた当人はまだ十六歳なのである。ただし当人は、筒井康隆の文体を借用したと第五章で述べている)。一部分を引用してみよう。

勝気という性格があまりにも強いので、普通お嬢さんとして育てられた女性が多かれ少なかれ持っているはずの「たおやかさ」とでも言うべきものが母には全くない。勝気。母のいやらしさはこの一語に集約される。勝気で、誰にも遠慮することなく育ってきたから自分の感情を奥にしまってひきさがる、というようなことが全くない。常に自分の考えを堂々と述べたてて、決して物怖じしたりしない。これは大変結構なことであるが、それが女性でしかもそれがあまりに極端だと実に不快なものである。女性の美点の一つである慎み深さというものが全くない。

何だか夫の「ぼやき」みたいだが、読んでいると次第に泉に同情したくなってくる。さらに祖母(つまり母の母)は押しつけがましく頑迷で支配的、過大な期待を孫に抱き、思春期の少年に対してあまりにも無神経であったようだ(その一例が、祖母の部屋と泉の部屋とがドア一枚でつながり、鍵をつけさせなかったというエピソードにも現れている)。そのような母と祖母とに囲まれ、どうしようもなく苛立った気分が持続していたであろうことは容易に見当がつく。

エリート一家という自覚もなかなかのプレッシャーであっただろう。泉本人は自分をエリートと自称しているが、自分がさほどでもないことはしっかりと自覚していたのではないか。そもそも早稲田高等学院在学ではエリートには該当しまい。飛び級で一高に入った藤村操のような者をエリートと称するのである。そのことも彼は分かっていただろうし、高校に進学するとろくに勉強などしなくても優秀な成績を取って「あいつ、頭の構造が違うんじゃないのか?」と驚くような同級生に出会ったりもするものだ。下手をすると自分は落ちこぼれになってしまうのではないか、多少は気の利いた文章を書ける程度の才覚は持ち合わせていても、自分は突出した人間になれるだけの器ではあるまいと恐れていたのではないか。そしてそんな危惧を素直に認められるような環境に生活していたわけではなかった。

慢性のイライラと不安が、それを打ち消すべく滑稽なほどの傲慢さとなって頭のなかに渦巻くようになったのだろう。もしかすると犯行計画と遺書は、ある種のガス抜きに近い営みとして着手されたのかもしれない。だが切実な動機に拠るそれが心を鎮め、あるいは自分を客観視しさせ苦笑に至らせるべく作用せず、余計に苛立ちを煽ってしまった。遺書を記したがゆえに、彼はむざむざと事件の実現へと足を踏み出してしまった。遺書が二人の人間の命を奪ったのである。第六章の「あとがき」をここに引用するが、これはもう自分の限界を薄々感じつつもそれを認めようとせず必死に居直っているとしか思えない。

これまでいろいろ書いてきたが馬鹿な大衆はこういうことは無視し、すぐ忘れてしまうだろう。だが果たしてそれがなんであろうか。開成高校事件また私の事件が忘れられたあとも、この受験地獄・学歴地獄はまだまだ続く。永遠に続く。大衆の馬鹿め。おまえらはこれから受験地獄にさんざん苦しめられるのだ。ざまあみろ。エリートをねたんだ罰だ。さあ苦しめ！　エリートを迫害した罪だ！　さあ苦しめ！

受験地獄・学歴地獄の渦中にある泉の立ち位置を考えれば、馬鹿な大衆イコール泉本人としか読めないではないか。まさに自暴自棄そのものである。

さて、以上のようなあらましを踏まえて磯田は朝倉泉を哲学的自殺者と呼び、あの遺書に対して「そこには少なくともラスコーリニコフの思索の萌芽に相当するだけのものはある」と語り、さらには「文学の〝毒〟は、いまやあの少年の遺書のようなところにしかなくなってしまったらしいのである」と言い募るのである。わたしは事件を調べるうちに、正直なところ泉の不安に満ちた「強がり」にむしろ共感に近いものすら覚えた。だからこそくだらない殺人でありショボい自殺だと思うのである。いったいこれのどこが哲学的自殺なんだよ？　文学の毒などと小賢しいことを述べる磯田の尻を蹴り上げたくなるぜ。

どうやら少なからずの人たち——ことに小難しい本を読むような人たちには、哲学的自殺といったものが存在して欲しいという願望があるのではないか。少なくとも百％ピュアな哲学的自殺は、昭和三十一年発行の十円玉とかヒトとサルとのミッシングリンク、村上春樹が言うところの「完璧な絶望」のように「ありそうでない」ものだと認識しつつも、四捨五入すれば哲学的自殺に該当しそうなケースの存在を無意識の内に求めているような気がするのである。そうでなければ人間が矮小化されてしまいそうだし、磯田のような人間が活躍できなくなるから。

まさに四捨五入という部分が重要だと思う。切り捨てた部分に世俗的な悩みや、ときには統合失調症につながりかねない過度の抽象的な思考、思春期ゆえの情動の不安定さなどが含まれる。でもそこには目をつぶり、哲学的自殺や美学に殉じた自殺といったものを我々はどうしても抽出したくなる。ただしそれを際立たせるためには、呉智英が指摘するように「矜持の有無」と、さらにはある種の高揚こそが要になるだろう。朝倉泉には高揚こそあったが矜持を欠いてしまった。本章冒頭に記した自殺分類に従えば、彼の自殺はむしろ「⑤命と引き替えのメッセージとしての自殺」のようにも映るが、実際には「④懊悩の究極としての自殺」および「⑦精神疾患ないしは異常な精神状態による自殺」の複合ではないかと思われる。泉は精神疾患ではなかったであろうが、置かれた状況から「異常な精神状態」に追い込まれていたとは考えられるのである。

といった次第で「①美学・哲学に殉じた自殺」という分類項目は、とりあえず挙げてはおいたものの、実は山海経に載っている怪物に近い「いかがわしげな存在」と見なしておいたほうが適切でありそうに思えるのである。

第六章

自殺の七つの型―2
虚無の果てに生ずる自殺

虚無感の果てに生ずる自殺

いわゆる服毒（服薬）自殺には、感情の勢いにまかせて「死んでやる！」とばかりにそれを一気に呷る場合と、覚悟を決めて静かに飲み下す場合の二つがありそうな気がする。後者においては、毒を嚥下した途端に死亡するのならともかく、じわじわと効果が出てくるケースでは、当人は今こそリアルに死と（あるいは生と）対峙することになる。それはどれほど濃密な時間となるだろうか。

そんなことを思っていたら、島影盟『死の心境――遺言辞世の研究』（教材社、一九三七）という本に、カルモチン（一般名はブロムワレリル尿素。ブロバリンという商品名でも流通し、自殺にしばしば使われた。わたしの母親はブロバリン依存症の傾向があり、ときおりアルコールと併用して心肺停止寸前に陥っていた。これはなかなか強烈な記憶で、そうしたものが伏線となって当方は精神科医になったのかもしれないと考えることがある）で自殺を図った人物の遺書というか本人による実況中継が載っていた。「原因は不明であるが、カルモチンで自殺した職人風の男の手記」と前書きが付されている。

己は今カルモチンを飲んだ。飲みにくくて、水を飲みながら。（四時四十分）何分経つたら筆が止るか？　二分経つた、何ともない。口の中に泥でも入れた様だ。三分経つた。バットを一本のむ。ゲップが出る。四分、まだ何ともない。唯ラムネを飲んだ時のやうだ。五分、煙草を盛んに吸つてゐる。六分、自分の書いたものを読んでみる。七分、飲んだカルモチンの利き目がない。八分、これでは何もならない。三原山行としようか？　十分、何ともない。おけさでも一つ唄はうか？　十二分、雪の新潟吹雪で暮れる佐渡は……

とくに著者・島影のコメントはなく、ただし「ここで記録が切れてゐるのをみると、十二分から一分か二分のところで意識を失つたのであらう」と、ひどく当たり前のことのみが書き添えられている。

この手記がどんな経路で著者の手に渡ったのかは不明である。警察関係とコネでもなければ、入手は難しいのではないか。いや人権やプライバシーの意識に乏しい時代だったから、新聞記者でもしていれば案外簡単に手に入ったのかもしれない。島影の本には、服毒自殺をした人物の、服毒後から意識消失までの間に書かれた手記がこれ以外にも三篇掲載されており、そもそも服毒自殺を図る人物は手記を書きたがるものなのかどうか。まさか捏造というわけでもあるまいが、右に引用した手記にしても「十分、何ともない。おけさでも一つ唄はうか?」なんて件はリアルそのものであるようにも、否、まさに小賢しげなフィクションの証左であるようにも思えてしまう。

著者である島影盟は、検索してみるとちゃんと名前が出てくるものの経歴不詳となっている。一九〇二年に生まれ一九八三年に亡くなった評論家で、人生論や幸福論、運命論や手紙の書き方、宗教批判など多岐にわたる著作が数多くある。『死の心境――遺言辞世の研究』は三十五歳のときに書かれたもので、年齢の割には達観した筆致であるうえに資料がやたらと豊富なのである。興味の惹かれる人物ではある。

さて、「カルモチンで自殺した職人風の男の手記」をあらためて読んでみると、不安や絶望や悲しみや怒りといった生々しい気分や激しい感情は既に通り越し、もはや実験動物を眺めるかのように淡々と自分を観察している。「おけさでも一つ唄はうか?」などと書いても、およそユーモラスな感情など伝わってこない。芥川龍之介が述べる「僕の今住んでゐるのは、氷の様に澄み渡つた病的の神経の世界である」に近い。

底なしの虚無感に支配され、氷のように澄み渡った心境に至ってもなお、人は軽口めいたものを発してしまうようだ。昭和二十四年（一九四九）十一月二十四日深夜、一人の高利貸しが青酸カリを飲んで自殺した。彼は自らが営む銀座の金融会社の社長室で、香を焚き、机には背広姿の自分の写真、愛人であった八人の女性の写真をずらりと並べ、その写真と向きあうようにして（つまりいささかドラマチックな舞台を自分自身で作り上げて）、服毒前から書き始めていた遺書を書き終えようとしたのだった。

一、御注意、検視前に死体に手をふれぬこと、法の規定するところなれば京橋警察署にたゞちに通知し、検視後法に基き解剖すべし、死因は毒物。青酸カリ（と称し入手したるものなれど渡した者が本当のことをいつたかどうか確かめられたし）死体はモルモットとともに焼却すべし、灰と骨は肥料として農家に売却すること（そこから生えた木が金のなる木か、金を吸う木なら結構）

二、望みつつ心安けし散るもみじ理知の命のしるしありけり

三、出資者諸兄へ、陰徳あれば陽報あり、隠匿なければ死亡あり、お疑いあればアブハチとらずの無謀かな、高利貸冷たいものと聞きしかど死体さわれば氷カシ（借自殺して仮死にあらざる証依而如件）

四、貸借法すべて青酸カリ自殺。晃嗣、午後一一時四八分五五秒呑む、午後一一時四九分ジ・エン

右が遺書の全文である。ジ・エンドの「ド」を書き記す前に絶命してしまったのであろう。「陰徳」と「隠匿」、「氷カシ」と「高利貸し」、「青酸」と「清算」等々無闇に駄洒落めいた言葉がちりばめられ、死に臨んでもやはり（あるいは、だからこそ）人は「軽口めいたものを発して」しまいかねないものなのだなあとあらためて複雑な気持にさせられる。この高利貸しは山崎晃嗣という二十六歳の東大法学部学生で（学生にしては年齢が高いのは、学徒動員のブランクによる）、彼は通称「光クラブ事件」の主役として知られている。

山崎晃嗣（一九二三〜一九四九）は典型的なエリートであった。父は裕福な医師であり木更津市長でもあったし、彼は一高東大で優秀な成績を修めた。（にもかかわらず）在学中に金融業「光クラブ」を設立、社長が東大生であり、また巧みでモダンな広告――すなわち高利貸しにつきまといがちな暗く胡散臭く怪しげな印象を払拭したイメージ戦略によって、たちまち頭角を顕した。山崎の鋭利な頭脳によって導き出された巧妙な法解釈や強気の経

営方針によって勢力は拡大し、光クラブは敗戦直後の混乱の中でまさに光り輝く企業へと登り詰めた。

だが昭和二十四年（一九四九）に彼は物価統制令違反で逮捕される。山崎の主張が通って起訴は免れたものの出資者からの信用を失い、以後はすべての対応が裏目に出て三千万円の債務履行が不可能となり、前述した通りに彼は青酸カリ自殺を遂げたのだった。突然変異のように出現した光クラブは、わずか十四ヵ月ばかり世間を大いに騒がせた挙げ句、呆気なく闇に吸い込まれてしまった。

この事件が世間の記憶に深く刻まれたのは、いわゆる「アプレゲール犯罪」のひとつと目されたからである。

アプレゲールとは、戦前戦中の保守的な価値観を否定し（いや、むしろ嘲笑し）、享楽的・退廃的・奔放横恣な、つまりノーフューチャーで刹那的な価値観を持つ若者たちを指す。光クラブは従来の高利貸業よりも明らかに垢抜けてカッコよかったし、社長が東大在学中という意外さも戦後の新しさとオーバーラップしただろう。そしてあれよあれよと輝きを増し、さしたる未練もなく空中分解してしまった。おまけに社長は普段からクールきわまりない発言を繰り返していたし、自死に臨んでは世間を小馬鹿にするような遺書を残した。山崎晃嗣は旧世代に対し、彼らを揶揄するかのような慇懃無礼な態度を貫いて死んでいったように映ったのではないか。

唐木順三は昭和二十五年（一九五〇）の『展望』四月号で、山崎が座談会で発言した記録（『婦人公論』昭和二十五年〈一九五〇〉一月号。座談の相手は作家の丹羽文雄と小谷剛）を雑誌で読んだ感想としてこんなことを述べている。

……山崎なる特異な人物がいつも頭のどこかを刺激してくるような思いをした。出会ったらちょっとやりきれない男だったろう。「ございます」口調の、高い鼻に銀ぶちかなにかのめがねをかけたような男、失恋してどんな気がしたかと問われて、「味わい深うございました」などと、しゃれ気もなく答える二十何歳の学生には横を向きたくなったに違いない。

しかし、戦後の無軌道な社会、既成の生活基準が崩壊し去り、新しいモラルが単に言葉としてしか用意されなかった時代にあって、みずから「合意によるものは拘束されるべし」という単純な標語をかざし、そこに生き、そこに死んでいったこの青年は、戦後の一現象としてみるだけではかたのつかないものをもっている。

不快感を表明しつつも無視し得ないという唐木の苛立ちが、ありありと伝わってくるではないか。

まったくのところ山崎晃嗣には身も蓋もないところがあり、「合意は拘束さるべきものでございますから、一度約束したものは必ず履行しなければならぬというだけで、これは私の世界観に基づく行動です。それは私の決めた基盤だからそれによって行動いたしますが、それ以外に人の決めたものには従うことはないというわけでございます」と述べたり、自分は理論通りに生きてきた自信があるがその理論の根本は信仰であるゆえ、自分が自分の理論に負けたら死ぬべきであるといった発想を開陳している。しかもその考え通りに、自分の理論に負けたときを以て彼は本当に自殺を遂げている。もしかしたらこの人は、食べ物ではなく電気で動いているのではないかと疑いたくなる。

一高時代の山崎晃嗣は、寮で暮らしていたにもかかわらず仲間に身の上話や打ち明け話など一切したことがなかったという（保阪正康『真説 光クラブ事件』二〇〇〇　角川書店より。本稿の資料の多くはこの本に拠っている）。血気盛んな一高生においてこれは少々特異であろう。寮で同室であった高橋康之（数少ない山崎の友人の一人）は、『週刊朝日』昭和二十四年（一九

（四九）七月三十一日号で、山崎は「別に金に執着があるわけではない。儲けることそのものに、快感を感じていたわけでもない。彼は自分の合理主義を実証したかっただけ」と語っている。なるほど筋金入りのニヒリストといえようか。

もともとクールで超然とした山崎であったが、学徒動員による軍隊生活で彼はいよいよ人間不信を募らせたようであった。復学後の山崎は東大の授業で全科目に「優」を取るべく猛勉強を始める。その対策が常人離れをしている。彼は「時計日記」というものをつけ始めるのだ。それは一日二十四時間を三十分刻みの目盛りのついた図表とする。そして何をしたのか、どれほどの時間を要したのか、さらにはそれが自分にとって有益であったか否かの評価を記入する。経済原論やロウマ法を勉強したとか、「朝食、新聞etc」「反省、思索」「洗ひものetc」などの項目に混じって「T・Tと性交、料理食事、たはむれetc」などという記述も混ざる。女性関係でもそれが有意義に過ごせたか、それとも面白くなかったかについて記号で評価を記入している（彼は女性を性欲の捌け口としてしか見ていなかった）。どうも強迫的で、しかも日常のすべてを有益だったかどうかで点数化するなどあまり健康的な精神とは思えない。

山崎晃嗣は一高時代から「数量刑法学」なるものを打ち立てる野心があったそうである。

保阪の本から『週刊朝日』昭和二十四年（一九四九）十二月十一日号の記事を孫引きすると、

当時（注・一高から東大法学部に合格したころ）私は数量刑法学……ともいうべき一つの学問体系をつくろうと思っていた。全刑罰法規全体を総合考察して、法定刑における刑罰数量の論理的構成を明かにして量刑上の処断を限定するもので、建築技師が対数表によって設計するように、裁判官は、この刑罰数量表によって合理的に判決できる。

つまり裁判官は判決を下す際に、さまざまな要素をマニュアルに定められた数値に換算し、その総合点を以て自動的に刑罰の重さを弾き出すというシステムである。こうすれば曖昧さや余計な感情が入り込む余地がなかろうという考え方だ。

これもある種の非情さ・超然さを反映した発想なのだろう。ただし個人的な感想を申せば、このように点数化や数値化で「合理的に」ものごとを判断するといったアイディアに取り憑かれるタイプの人間は、おしなべて「一見したところは利口だが最終的には頭の悪い」輩に多い。勤務評定や人物評価において似たような方式を導入して失敗した企業は少なくないし、精神医学における診断で同様な方式を導入したのがアメリカ精神医学会の定めるDSMという体系であるが、これまたまことに底の浅い人間理解ぶりを露呈しただけであった。閃きを欠く退屈人間が飛びつきがちな愚かしいアイディアの典型だ。

不健全で浅薄な合理主義に山崎はどっぷりと浸かっている。「時計日記」や「数量刑法学」からは、微妙に的外れで空疎なトーンが強迫的な心性とともに伝わってくる。精神科医としては、統合失調症や発達障害に親和性があるようにも思うけれど、彼が治療対象に相当するとは思えない。さらに言い添えれば、戦前であろうとこうした類の人間は一定数いた筈で、ことさらアプレゲールといったレッテルを貼る理由もあるまい。

いったい山崎晃嗣を虚無的人間、ニヒリストと見なせば彼の言動や自殺はすべて説明がつくのだろうか。

ノンフィクション作家の保阪正康は『真説 光クラブ事件』のあとがきで「山崎は戦後日本の俗物性を心から呪い、そしてそれを徹底して軽侮することによって時代に刻印を残そうと企図したのである」と述べている。彼のキャラクターには演技的な成分があり、確信犯的に世間を騒がせたのではないか。つまり冷え冷えとしたニヒリストを山崎は装っていたものの、実際には怒りや軽蔑といった人間的なものがしっかり精神に宿っていたのではないか、と。なるほど山崎をすべて虚無的といった「便利な」言葉で総括してしまってよいものかと、わたしもいささか首を捻りたくなるのだ。

そもそも虚無的であるとは、いかなる事物に対しても徹底的に意味や価値を認めない姿勢であろう。そんな人間が、なぜ東大に入ったり成績で全「優」を目指したり、あるいは高利貸しなどを営むのか。光クラブ設立について友人の高橋康之は「彼は自分の合理主義を実証したかっただけ」と語っているわけだが、実証したがった時点で自分の合理主義に意味や価値を認めてしまっているのだから、所詮山崎は中途半端なニヒリストもどきということにならないか。心底虚無的であったならば、もはや生きていること自体が億劫で「くだらない」と断じるだろう。人生など寝て起きて食べて排泄するだけの営みであると主張しなければなるまい。自殺しないのは、自殺そのものが大仰かつ面倒だからと嘯くのではあるまいか。

考えてみれば、虚無的などと気取ってみせても甘えや執着が見え隠れしてしまうのが相場であろう。断固虚無的な人間、徹頭徹尾ニヒリストなんてものが存在していたとしたら、彼らは生きていること自体が矛盾のカタマリだろう。点滴を受けつつハンストをしている人物のように滑稽だ。

あれほど必死で勉強したのに、山崎は全科目に「優」を取れなかった。彼は書き残している、「教授の嗜好、気まぐれに相当依存さる優、良、可の区分に全生活をかけるのが馬鹿らしくなった」と。そして光クラブ創設へとシフトしていく。この軌跡は虚無的なんて表現には相応しくない。「拗ねている」というべきだろう。

しかし金融業創設の十四ヵ月後、経営破綻した山崎晃嗣は世の中を鼻で笑うような遺書を残して服毒自殺を遂げた。自己イメージをしっかりと保ちつつ死へダイヴしたわけで、その貫徹ぶりはそれなりに見事と評価すべきかもしれない。

結局のところ、山崎にとって虚無的であるというのは彼にとっての美学だったのではないのか。元来、彼にはニヒリストに近い素因があったのだろうし、保阪が書くように「戦後日本の俗物性を心から呪」うといった側面もあっただろう。だが最終的には、実は前章で記した【美学・哲学に殉じた自殺】に山崎のケースは相当するような気がしてならない。が、わたしは既に美学・哲学に殉じた自殺について、この分類項目は「とりあえず挙げてはおいたものの、実は山海経に載っている怪物に近い『いかがわしげな存在』と見なしておいたほうが適切でありそうに思えるのである」と疑念を呈したのだった。眉に唾をつけたのである。そうなると山崎晃嗣の自殺はどう解釈すべきなのか。

胸の内に押し隠していた自己愛や自己陶酔や怒り（それらは虚無感と対極に位置するだろう）が、もはやどうにもならない危機的状況において、美学的アイテムのひとつである「虚無的な自死」を居直りの方便として選択させただけではないのか。それは美学に殉じた自殺のニセモノでしかないだろう。贋ニヒリストが自分で用意した陳腐な花道でしかなかったのではないか。

どうも虚無的という言葉には人を大いに惑わせるところがある。

だが――わたしは、まさに虚無的という形容そのもののような人物と出会ったことがある。その人は雑居ビルの六階から飛び降りて死んだ。

S子が当該者である。四十代半ば、地方公務員の事務職であった。結婚歴はなく、実家との交流もほとんどない。職場でも仲のよい同僚はいない。つまりほぼ独りぼっちの生活で、しかしそれを苦痛に感じている気配は彼女にはなかった。

二十五歳でS子は統合失調症を発症している。幻聴や被害妄想に悩まされていた時期もあったが、数ヶ月の入院で改善し、仕事にも復帰できた。地方公務員という、馘首されることの可能性の低い職に就いていたのは幸運だったとしか言いようがない。態度は素っ気ない上に声が小さく（だから窓口業務を担当させられることはなかった）、積極性はまったくなかった。が、課せられた事務仕事は黙々とこなした。出世には関心がなかった。決して残業はせず、定刻になると無言のまま職場を後にした。新人歓迎会や忘年会に出席することもなかった。「まあ、ああいう人だから」というのが周囲の評価であった。

四週間に一回、精神科病院の外来に通って再燃予防のために少量の薬を処方されていた。いくぶん変人めいたところのあったS子だけれども、トラブルを起こすことはなかった。他人に無視されても気にしなかった。喜怒哀楽を示すこともなかった。ユーモアとは完璧に無縁だった。やや背が高く、標準体重を三割程度オーバーしていた。服装は地味な色の安物で、およそ流行などには無頓着であった。黒縁の野暮ったい眼鏡を掛けていた。黒い髪は長く、それを無造作に海老茶色のバレッタで留めている。二重顎の顔に化粧っ気はなく、肌はざらついている。他人と視線を合わせようとせず、しかもいつもうつむき加減だったためなのか、妙に記憶に残りにくい目鼻立ちなのであった。

安アパートに住み、新聞は朝刊のみ定期購読していた。昼食は手作りの弁当で、でもおかずは蒲鉾に薩摩揚げが無造作に詰められているだけだったりした。退屈をまぎらわせるような趣味があるのかどうかもはっきりしなかった。

S子は、夏になると一週間ばかりアパートを離れた。が、旅行に行くわけでもないし実家を訪ねるわけでもない。彼女は休暇の一週間を、通院している精神科病院の開放病棟（大部屋）へ自ら入院して過ごすのだった。そうしたスタイルは二十年近く続いており、彼女なりのバカンスなのかもしれなかった。ことさら治療の必要もないから、朝の検温と血圧測定、それに当直医による夜の回診以外は医療者との交流もない。入院中も、ときたま散歩に出たりするものの、大概はベッドで週刊誌かスーパーのチラシを眺めていた。正直なところ、いったい何を心の拠り所にして生きているのか分からない人だった。

彼女の顔は記憶に残りにくいとさきほど記したが、そのいっぽうコミュニケーションをとろうとした者には忘れがたい印象を残した。もともと愛想がなく、何を考えているのか分からないようなところがあったが、いざ向きあってみると、まさに虚無感のかたまりのような印象を与えるのである。拒絶的ではないが、目の前の相手に微塵も関心がなく、それどころか世界全体に興味も何らかの感情もまったく覚えていないかのような雰囲気が、暗く深い洞穴から吹き出してくる冷気さながらに伝わってくる。投げやりな態度でも示してくれればまだしも理解した「つもり」になれようが、そんな分かりやすさとは無縁であった。S子に向けて発せられた言葉は、ことごとく真空の中で語られた言葉のように消え失せてしまいそうに感じられた。

誰もが、多かれ少なかれ「たじろがされた」。不吉さや禍々しさを感じ取った者もいたようだ。「何だか分からないけど、あの人は嫌」と露骨に陰口を叩く者もいた。が、だからといってS子に意地悪をする人はいなかった。そんな意欲を吸い取ってしまうようなトーンが彼女にはあったからだ。

統合失調症患者の一部には、幻覚妄想が消えて慢性期に入った後、人を寄せ付けない頑なさと強烈に虚無的な雰囲気とを身に纏うようになる人物がいる。それは症状の一部とみなすべきなのか、それとも精神疾患という経験が世界観や人生観を大きく変えてしまったのか、さもなければ脳機能に何らかの欠落が生じたのか。たとえば目の前で家族を殺されるような体験のある人が、それに呼応するように虚無的な人間になるかといえば、案外そうでもない。トラウマは抱え込んではいるだろうが、短絡的に虚無とつながるわけではない。本物の虚無は、ある種の特異体質ではないかと思えることがある。

さてS子は空が銀色に曇ったウィークデイに、駅前へ外出し、そのまま雑居ビルの屋上へ上って飛び降り自殺を遂げた。病院から屋上まで、その途中でどこかに立ち寄った形跡はない。靴を履いたまま飛び降りた。バッグは屋上に無造作に残されていた。遺書はなかったし、病院では自殺しそうな素振りなどなかった。ベッド周りが、死を覚悟したかのようにきちんと片付けられていたわけでもなかった。毎日その店の前を素通りしていたのに、ふと、当日に限ってその喫茶店に初めて足を踏み入れてみました——そんなさり気なさで、彼女は自らの命を絶った。

結局、わたしはS子のことをまったく理解できていなかった。自殺の理由も「きっかけ」も判然としない。虚無そのものを体現したような人間がときたまいるのだなあと思っただけであった。霊安室で彼女の実母を目にしたが、ごく普通の素朴な老女であった。自分が生んだ娘が自殺するのも相当に辛いが、我が子が虚無感のかたまりのような人物になってしまったという事実も耐え難い案件であったに違いなかろう。

わたしは光クラブの山崎晃嗣について述べた中で、「心底虚無的であったならば、もはや生きていること自体が億劫で『くだらない』と断じるだろう。人生など寝て起きて食べて排泄するだけの営みであると主張しなければなるまい。自殺しないのは、自殺そのものが大仰かつ面倒だからと嘯くのではないか」と書いたわけだが、そんな訳知り顔の理屈など蹴散らしてしまいかねないほどの激しい「負の存在感」をS子は発散していたのだった。彼女の唐突な自殺は、「やはり」といった嘆息しかわたしにもたらさなかった。

四半世紀にわたって秋田大学・保健管理センターで若者のメンタルヘルスに向きあってきた精神科医がいる。苗村育郎という人で、彼の『自殺の内景――若者の心と人生』（無明舎出版、二〇一五）にはきわめて興味深い指摘がなされている。彼によれば、「絶望親和型」「自殺親和型」とでも称すべき性格類型が存在するのではないかというのだ。

……物心がついたときから既に生きることのむなしさを強く感じ続けて、常に死ぬ機会を探しつつ生きている若者が少なからずいる。このこと自体、多くの人には理解しがたいことだろう。しかし「虚無感」との格闘が生涯のテーマであるという人は意外に多い。放蕩を尽くす人の中にもいると言われているし、他方耐え難い空しさからの救済を求めて早急に信仰の道へ入る人もいる。（中略）

絶望に先だって、強い不安を持続的に抱き続ける人もいる。この強い不安から逃れるために、呪術や宗教を必要とする人もいる。不安に強迫観念が加わって、神経症的傾向をさらに強める人もいる。不安を持ちながらも絶望には至らず、もがき続ける人もいるが、何らかのきっかけで追いつめられて死を選ぶこともある。あまりにつらい時期が長く続きすぎるのは、精神的視野狭窄と希望の喪失とをもたらす。このような状況になると、多くの人は、「もう死んで楽になりたい」と思い始めるのである。

この指摘には、強く頷きたい。率直に申して、「ああ、こういうことを考えていた精神科医がちゃんといたんだなあ」と安堵感に近いものすら覚えてしまった。実感として、たしかに自殺親和型の性格を持った人たちは存在する。苗村も述べているように、小学生のうちから心ひそかに厭世観や虚無感を深く持ち、自殺に容易に走ってしまいかねないタイプの人間を学問的に炙り出したり統計的なデータを収集するのは容易ではあるまい。自殺に踏み切るか否かの検証も至難の業だろう。こうした性格類型を受け入れるにあたって世間の強い感情的抵抗も予想されそうだし、自殺を本人の性格ゆえと言うのは無責任な発言だといった非難も予想される。

いまのところ、説得力を以てかれらを描出しているのは文学だけだろう。たとえば吉村昭の短篇「星への旅」（一九六六）ではどうか。青年たちの動機のはっきりしない集団自殺を描いたこの作品では、環境的には恵まれているものの虚無感と倦怠感とに心を蝕まれた予備校生の圭一が、同じように（客観的には）無気力と怠惰に沈んでいた若者たちと知り合い、やがて集団自殺（海岸までトラックで旅をして、断崖から全員一緒に海へ身を投げる）へとのめり込んでいく契機が以下のように書かれている。

だが、旅立ちのことを望月が口にした時は、いつもの例とは全く異なっていた。その企てを、望月は、「死んじゃおうか」という投げやりな言葉で表現したのだ。圭一は、唐突なその言葉に、一瞬背筋のかたく凍りつくのをおぼえ望月の顔に眼をすえていた。と同時に、かれは自分の周囲にひろがった静寂に気づいて、うろたえたように仲間たちの顔に視線を走らせた。かれらは、一様に口をつぐんでいた。表情は固くこわばり、その眼には凝固した光がはりつめていた。そして、その顔に変に弱々しい微笑が浮びはじめ、困惑しきった表情で互いに視線を逸らせ合っているのを、かれは照れ臭い気分で盗みみていた。その折の奇妙な沈黙を、圭一は、今もありありと思い起こすことができる。或る思いもかけない熱っぽいものが、それらを支配しはじめていたのだ。その中で、ただ最年少の望月だけが、自分の思いつきで口にした言葉に仲間たちが大きく心を動かされているらしいことに気づいて、眼鏡の奥の眼を嬉しそうに輝かせつづけていた。

ここで登場人物たちは、いわば自殺という選択肢を「発見」している。さもなければ、自らが自殺親和型であったことにあらためて気づいたのではないか。幼い頃からずっと死ぬ機会を窺い続けてきた人間もいれば、些細な契機で自分の自殺親和型ベクトルに目覚める人物も少なからずこの世には存在しているのではないか。ことに後者のような人々があっさりと自殺を遂げたとき、残された者たちは死の動機を捜し求めようとして激しく当惑することになるのだろう。

わたしたちの何割かは、ある日不意に自分の人生の意味に気づく。もっとも必ずしもそれが正しいとは限らず、むしろ意味に気づいたような気分になると表現すべきだろう。わたしはこういったことをするために生まれてきたんだ、とか我が人生の使命はこのようなことであるといった具合に。他方、今までの生きづらさや人生に対する違和感が実は自分が自殺親和型の精神構造をもっていたからなのだと悟ったり、「ああそうだ、自ら用意した死で決着をつけるといった生き方もあったじゃないか！　これを失念していたから自分は無駄な苦しみを味わっていたのだなあ」と閃くケースもあるわけだ。そう、しばしば自殺という奇怪な妙案は天啓のようにして「発見」されるのである。

ところで自殺親和型であるということは、まったく自分自身の問題である。死に対する根源的な一体感（ときには、やすらぎ）のようなものがある。だがそのいっぽう、死を駆け引きの材料やドラマチックな要素として持ち出したがる人たちがいる。彼らにとって死は常に他者との関係性において「最強のカード」として用いられる。そうした人々は、ときたま自殺親和型と区別がつきにくいことをここでは指摘しておきたい。

第七章

自殺の七つの型―3

気の迷いや衝動としての自殺

気の迷いや衝動としての自殺

ことさら理由など思い当たらないし、当人が悩んだり困っていた様子などないのに、唐突に自殺をして周囲を困惑させるケースは珍しくない。せいぜい「気まぐれ」ないしは「衝動的」な（そして致命的な）振る舞いとでも表現するしかあるまい。あるいは「魔が差した」のか。そうした一例は第二章【石鹼体験】でも紹介した。常識の範囲内で想像するとしたら、まああのあたりがもっとも説得力がありそうだ。

でも、もう少し別な機序はないものか。

いきなり話が飛躍するが、北原白秋と同時代の詩人で山村暮鳥（一八八四〜一九二四）という人物がいた。大正四年（一九一五）に出版した未来派的前衛詩集『聖三稜玻璃』が有名で、知人には私信の中で「小生は今の文壇乃至思想界のためにばくれつだんを製造してゐる」と大言壮語したうえでの発表だった。が、それほどの自負にもかかわらず狂人の書と嘲笑ないしは黙殺され、生前はまったく評価されなかった。すっかり意気消沈したものの、以後、スイッチでも切り替えたかのように田園詩人的な作風に変わり、またキリスト教の牧師として活躍したが、肺結核で不惑にして亡くなっている。

そんな彼が大正七年（一九一八）に発表した〈朝あけ〉という詩がある。

朝だ
朝霧の中の畑だ
蜀黍《とうもろこし》とかぼちゃ、豆、芋
——そして
わたしは神を信ずる——
まだ誰も通らないのか
此の畑のなかの径《こみち》を
わたしの顔にひつかかり
ひつかかる蜘蛛の巣
その巣をうつくしく飾る朝露
此のさわやかさはどうだ
——いまこそ
わたしは神を信ずる

未来派の面影はすっかりなくなり、妙に肯定的でいかにも牧師然とした作品だ。たしかに朝の田園風景の爽やかさに心躍ることはあるが、そこでいきなり「いまこそわたしは神を信ずる」などと言われても正直なところ苦笑しか浮かばない。返す言葉が出てこない。でもこうした詩を作る人もいるだろうなとは思うわけである。

このような詩が成立するとしたら、いわばその正反対の心のありようとして、この世界に顔を背けつつ「いまこそわたしは自らの命を絶つ」といきなり自殺をする人がいてもよさそうな気がしてくるのである。

でも、果たして本当にそんな人間がいるだろうか。いきなり神を信じてしまう者がいるように、いきなり死の扉を叩いてしまう者が。

神の啓示だか悪魔の囁きかはともかくとして、突如死のうと思いついてそのまま自殺をしてしまうケースは存在するのか。精神科医の立場としては、そうした症例があるとは考えない。ただし周囲が気付かぬまま当人は精神が追い詰められ、「最後の藁一本が駱駝の背を折る」といった形で些細なエピソードが決定的な作用を及ぼす場合はあるだろう――そのようには想像する。そして自殺準備状態としての精神の追い詰められ加減には、案外さまざまなバリエーションがあるようなのだ。ついでに申せば、前章で言及した「自殺親和型」性格は、もともと自殺準備状態を抱えて日々を生きてきた人たちということになる。

まだ高校生の頃、明け方に国鉄・武蔵五日市線（当時は単線だった）の線路に横たわってみたことがある。十一月の最初の週であった。別に本気で鉄道自殺をしようと考えたわけではない。思春期なんてある意味では四六時中精神が妙な具合に追い詰められているのであり、その捌け口として、線路に身を横たえるなんて芝居がかったことをしてみただけだ。そうしてみることで、本当に鉄道自殺をした人間の気持ちの幾分かが分かるかもしれないなどとも期待した。

夜明け前。十分もすれば、地平線から濁ったオレンジ色がじわじわと濃紺の夜空を侵食していくだろう。その空が、今は驚くほど広く見えた。星座の配された空はまぎれもなく広大な円蓋としてわたしの上に覆い被さっていた。星明かりで銀色に輝く線路は冷たくごつごつとして背中に違和感を与え、ささやかな背徳を実行している気分が非現実感を強調した。ちっとも眠くなかったけれど、もしこのまま眠ってしまったら、一番電車によって睡眠から死へと滑らかに移行してしまうだろうかと思った。移行すると認めるなら、わざわざわざ眠らなくても手っ取り早く走行してくる電車に飛び込んでしまうのも面白いじゃないか。そんな具合に、いやに性急な発想が頭の中に渦巻いていた。本物の自殺者は、死への恐怖よりも性急さが突出した人たちなのだろうと自分なりに納得したのを覚えている。

今になってこうして書き綴ってみると阿呆の極みであるが、若い時期には気まぐれも衝動も事故も、三者がすべて輪郭を曖昧にしたまま接していた気がする。

グレアム・グリーンの『自伝』（田中西二郎訳、早川書房、一九七四）を読むと、十八歳から十九歳にかけて、彼は家の戸棚から見つけ出した古いリボルバー式拳銃を使って計五回のロシアン・ルーレットを試みている。誰も見ていない所で、たった一人で。動機は「倦怠」だ。

……慎重にわたしは決行の場をえらんだが、そこに本当の恐怖はなかったと思う――おそらくそれは幾度も企てた半自殺行為が今回のもっと危険な企ての背景にあったためであったろう。これらの行為を親や兄たちは神経衰弱的とみていたようだが、わたしはむしろいまでも当時の状況のもとでは高度に理由のある行為だったと考えている。

そして「目にみえる世界を全的に失う危険を冒すことによってその世界をふたたび享受することが可能だという発見、これはわたしが遅かれ早かれ運命づけられていた発見であった」と述べる。

つまり命をポーカーチップの代わりにすることでこそ、生きているという実感を鮮烈に味わえるというわけだ。実際、最初のロシアン・ルーレットが成功した（つまり弾丸が発射されなかった）あとの気分をグリーンはこのように記している。

まるで暗い単調な街にパッとカーニヴァルの灯がついたように、すばらしい祝祭のような歓喜の情が湧いたのを憶えている。心臓が檻のなかで衝き動かされ、人生は無限数の可能性を含むものとなった。それは若者のはじめての上首尾な性の経験に似ていた――まるでアシュリッジのブナ林のなかで男性としてのテストをパスしたかのようだった。わたしは家に帰り、拳銃を隅の戸棚に戻した。

だがこの無謀な試みも、すぐに形骸化してしまう。カーニヴァルはたちまち終わってしまう。回数を重ねるうちに歓喜は「粗雑な興奮の衝撃」に取って代わり、そこで彼はもうこれ以上拳銃でゲームを続けることを断念する。ロシアン・ルーレットを卒業したのだ。にもかかわらず、それで心に収まりがつくというわけにはいかない。

一種のロシア・ルレットもまたわたしの後年の生活の一因子として残っており、それがためアフリカについての予備的経験もなしに突飛で無鉄砲なリベリア縦断旅行に出かけたりした。宗教的迫害のさなかのタバスコへ、コンゴの癩療養所《ママ》（レプロゼリー）へ、マウ・マウ団叛乱中のキクユー保有地へ、また非常事態のマラヤや対フランス戦争中のヴェトナムへ——それらへわたしを連れて行ったものは倦怠への恐怖にほかならなかった。

確かにこういったタイプの人間は存在する。よりエッジの利いた、あざといほどに鮮やかな人生を希求するがために、コントラストとして死の危険を味わいたがる人間が。そんな彼らが本当に死んでしまったとき、それは不注意ないし不運が理由だったかもしれないし、わずかな気の迷いや取るに足らないほどちっぽけな雑念（それを意識下の自殺願望と呼ぶ人もいるだろう）が決定的要素となってしまったのかもしれない。

　事故よりは自殺を疑いたくなるケースとして結実することもあるだろう。積極的な動機が見つからないからと、あえて事故として処理される場合もあろう。いくらでも深読みが可能だし、どんなに深読みをしても決して本当のところは分かるまい。十中八九、本人でさえも。

※フィロバットphilobatのこと

ことに若い時期においては、命をポーカーチップにしてみせるのはそれが優越感につながりがちということもあるだろう。凡庸ゆえの倦怠感、倦怠に名を借りた無力感といったものを払拭すべく、死に限りなく近づいてみせる。世間に向かって「お前らには、こんな剛胆なことはできまい」と嘯くために。つまり若さゆえの傲慢さの一形態というわけである。

　でもそうした心性をいつまでも引きずる人たちがいる。彼らには何らかのネーミングがなされているのだろうか。

　マイクル・バリント（一八九六〜一九七〇）という英国の精神科医がいた。精神分析が専門領域である。彼はスリルにのめり込んだり夢中になるタイプの人たちを、アクロバットに因んだ造語でフィロバット philobat と命名した。またその反対に危険を嫌悪し安全堅固なものに執着する人たちをオクノフィル ocnophil と名づけた（ひるむ、しがみつくを意味するギリシャ語からの造語）。

フィロバットは冒険家や探検家、軽業師、戦場カメラマン、レーサーなどをその典型とし、おそらく芸能人や水商売、ギャンブラー、起業家、芸術家、職業的犯罪者、傭兵、爆発物処理班、被災地へ赴く救急救命医師、消防士なども含まれる筈だ。作家で飛行士でもあったサン＝テグジュペリ、開高健などもそうだったし、もちろんグレアム・グリーンもフィロバットの一員だったと思われる。先日『妻を帽子とまちがえた男』の作者であるオリヴァー・サックスの自伝を読んだが、彼もまさにフィロバットであった。

漠然と思っていたことをきちんと言葉にしてくれた（しかも造語まで持ち出して！）ということで、バリントの論は少しばかり自殺の理解に寄与してくれているようである。ただしそれ以上の突っ込んだ話になるとさすがに精神分析家だけあって、正直なところ「あんたは、いったい何を言っているんだ？」と愚痴をこぼしたくなる。難しくてよく分からないのである。少なくともあまり役に立ちそうなことは言っていない。まあそれはさて置き、フィロバットが命をポーカーチップにしたがる傾向にあるのは間違いあるまい。

そしてわたしたちは、おしなべてオクノフィルをどこか胸の奥で軽んじ、フィロバットにばかり興味や関心を示しがちのようである。オクノフィルは堅実かもしれないが退屈、日和見主義の保守党支持者で、因習に固執する「分からず屋」。いっぽうフィロバットはユング心理学における「永遠の少年」と重なるところもあり、ちょっと心を騒がせるところがある。そのあたりを敷衍すると、夭折とか自殺への文学的関心とリンクしてくるように思われる。

太宰治はまぎれもなくフィロバットであった。彼の作品では「黄金風景」や「佐渡」をわたしは好むが、これらはつまりフィロバットがオクノフィル的なものへ憧れるところに滋味がある。庄野潤三はオクノフィル系作家の典型のように映るかもしれないが、家庭小説みたいな形に至るまでの軌跡を眺めると「贖罪にのめり込んでいるフィロバット」とでも言いたくなる。気の利いた二分法は、用心しないと人を惑わせるようだ。

フィロバットというフィルターを透すと、自殺も事故もどこかロマンチックな感触に包まれてくる。死への憧憬などと気取ってみたくなったりもする。老いぼれたフィロバットを想像すると、何やら切なくなってくる。老いるくらいなら死んだほうがマシというのが、おそらくピュアで先鋭的なフィロバットなのだろう。

※事故傾性 accident proneness のこと

頻繁に事故に巻き込まれたりケガを負いがちな人物がいる。もちろん本人は痛みや後遺症を嫌がる。少なくとも狂言で負傷しているとは思えない。でも事故や負傷との遭遇があまりにも多過ぎる。たんに運が悪いとか勘が鈍い、運動神経が鈍いというだけでは説明がつかない。

中学校の同級生で、事故傾性ないしは事故頻発人格といった精神医学用語に該当しそうな人物がいた。Sという男で、可愛げのないウサギみたいな顔をしていた。勉強もスポーツも「残念」な奴で、特技もない。遊び友達もいなかった。イジメを受けていた気配はない。いかにもイジメの標的にされそうではあったけれど、Sには事故傾性ゆえの危うさがうっすらと漂っていて、うっかり「ちょっかい」を出すと面倒な結果を招きかねないといった認識が周囲にあったからだろうと思う。

技術家庭の実習中に、教諭が「刃物の扱いには気をつけろよ」と注意を促したその直後に、ノミでざっくりと指のつけ根を切って大出血したりする。いっそ警告を受けなかったらケガはしていなかったのではないか——そんなふうに疑わせるようなところがあった。廊下で派手に滑って転び、クラス全員に配布すべきプリントをそれこそ花吹雪のようにまき散らしたこともあった。雪の日には、級友たちの期待に応えるかの如く転倒して頭を打ち、学校までたどり着けなかった。もしかしてわざと間抜けなことをして注目を集めようとしているのではないかと疑い、わたしは理科の授業の準備（これは生徒が行うことになっていた）に際して、あえて彼がビーカーやフラスコやアルコールランプを入れた箱を抱えて運ぶように仕組んだことがあった（まったくのところ、当時のわたしはとんでもない奴であった！）。こちらの予想としては、おそらくSは箱を落としてガラス製の実験器具をすべて割ってしまうだろう、と。

だが、なぜか彼は滞りなく器具を運び終えた。余裕に満ちた顔をしていたのが小憎らしい。せっかく「呪われた運命」が具現化するところを見届けようと目論んでいたのに、フェイントを掛けられたようで腹が立った（立腹するなんてずいぶん自分勝手な話だが、好奇心には勝てなかったのである）。

千葉の海岸へ潮干狩りに行ったときには、今度はまさに案の定というべきだろうか、コンクリートの堤防とテトラポッドの隙間に落ちて足に大きなケガをした。携帯電話やスマートフォンなんかない時代だったので、救急車を呼ぶのも容易ではなかった。担架で運ばれていくSの表情は、何だかくしゃくしゃに丸めた紙くずのようで、わたしたち生徒は互いに目配せしたまま誰も言葉を発しなかった。いや、発する気にもなれなかった。馬鹿馬鹿しい気分のほうが先に立っていたのである。

事故傾性といった概念は、第一次世界大戦の直前あたりから、工場で事故を起こしがちな工員についての調査に端を発している。だが考察においては自己懲罰やマゾヒズムなどの無意識的意図が取り沙汰されがちで、いまひとつ精神分析家の夢想のようにも思えてしまう。わたし個人としては、強迫性障害の「〜せずにはいられない」といった心性と、事故がもたらすであろう鮮やかで明快なイメージとが結びついて気の迷いを生じさせているのではないかと疑っている。発達障害的な愚直さも関係しているかもしれない。

おそらく事故傾性の人たちが巻き込まれる事故は、必ずや「絵に描いたような」一目瞭然の事故現場を現出させる種類のものである筈だ。悲惨さよりも明快さが優先されがちなところに、闇の深さと気味の悪さがある。そして彼らは、ときに自殺なのか無意識に誘導された事故の延長としての死なのか判然としない死に方をするものなのかもしれない。

というわけで、いったい今、Sは生きながらえているものなのか、五体満足なのだろうかと気になってしまうのだけれどその結果は恐ろしくて知りたくない。

※死の欲動 Todestrieb のこと

フロイトが唱えた「死の欲動」（死の本能、とも訳される）はどうであろうか。それは事故傾性にも通底しそうだし、気まぐれや衝動としての自殺を実行させる根源的な動機ともなるだろう。

ユングはフィロバットに、フロイトはオクノフィルに親和性があると精神科医の中井久夫は指摘している。確かに彼らの伝記を読むとそう思えてくる。そうなるとオクノフィル人間であるフロイトにとって、安定・不変・確実といったあたりが人の営みにおける目標になってくるだろう。でもその考えが極端になるとどうであろう。生きることそのものが不安定で流動的で不確定なのである。究極の安定・不変・確実とは生命活動が停止しなければ訪れないといった極論に結びついてしまわないか。

そのような（生きる者にとって）本末転倒の思考が「死の欲動」の背後には横たわっているようだ。またフロイトは、第一次世界大戦による人類史上初の大量死と、自身が喉頭癌を宣告されるといった二つの陰鬱な事態に直面している。戦争や自殺の理由を説明するために、彼としては比較的自然な成り行きとして「死の欲動」という発想（一九二〇）が湧いてきたのかもしれない。

しかしこうした概念は、あまりにも便利な説明装置となってしまいかねない。これさえあれば、人間の愚行の大部分は説明可能になってしまう（万引きだとか痴漢行為も、それが社会的な死につながりかねないという意味で死の欲動に支配された結果である、とか）。もはやそれは何も説明していないのと同じことだろう。

個人的見解としては、あらゆる変態性欲の可能性が人間の心には秘められているのと同じように、自殺や自傷、殺人や破壊などを含むあらゆる攻撃性が人間の心には秘められているというだけの話だと思う。つまり節操がない（人によってはそれを多様性と呼ぶのかもしれないが）。節操がないので、状況次第で戦争を起こしたり自殺をしてしまうだけではないのか。

「死の欲動」について考えていると、なぜか思考が深まらない。言葉を表面的に弄ぶだけで終わってしまいそうな物足らなさがつきまとう。さきほど「死の欲動」は「気まぐれや衝動としての自殺を実行させる根源的な動機ともなるだろう」と書いたが、実はこの箇所には誤魔化しが潜んでいないだろうか。

それこそ機会さえあれば自死を決行してしまいかねない人間がいたとして、その人物にとって死はどのような位置づけがなされているかを推測してみる。ひとつには、①死に過剰な思い入れを抱いているパターンだろう。死に憧れや救いを夢見る態度であり、自己愛の変形みたいにも見えかねない。

もうひとつには、②死に対する極端な無頓着さ、あるいは鈍感さが際立つパターンだろう。生に執着せず、死を特別視しない。食事をすることも死ぬことも同じレベルの事象であると考えている。自殺を平然と日常生活の中の選択肢に紛れ込ませられる。そういった虚無的な姿勢が考えられる。

では「死の欲動」はそれら二つのパターンに共通して作用しているのか。欲動と名乗るからには、積極的に本人を自殺へと駆動しなければなるまい。そうなると、「死の欲動」は①の「死への過剰な思い入れ」に重なるのだろうか。いや、そんな騒がしく自意識過剰な精神のありようとは違うだろう。「死の欲動」はもっと静謐で無意識的で根深いものではないのか。

でも②には積極的なニュアンスがない。むしろ感情面における欠落しか意味していないように思えてくる。

結局のところ、「死の欲動」というものがあったとして、しかしそれは自殺決行に対して多少はハードルを下げるものの実際にはさほどの影響力などないような気がしてくるのである。いきなりおかしな喩えを持ち出して恐縮だが、かつて惑星直列という現象がとんでもなく大規模な地異天変をもたらすという通俗的イメージが、世間に流布していた。惑星が一直線に並ぶことで重力が強く影響を受けるからである、と。なんとなく説得力に富んだ説だとわたしも思っていた。

一九八二年三月十日だとか、二〇一五年一月五日午前二時四十七分などにそれが起きるとされていたが、いざその日を迎えてみると、結局は何もなかった。いつもと変わらない一日であった。

わたしとしては、「死の欲動」という自虐的かつ魅惑的なイメージは、所詮、惑星直列に似た空想の産物に思えてしまうのである。そんなオカルトめいたものと一緒にするな！とフロイトに叱られてしまいそうだが。

※群発自殺 suicide cluster のこと

自殺へのハードルを下げるという点では、群発自殺のほうが重要であろう。

高橋祥友『群発自殺』（中公新書、一九九八）によれば、

（1）ある人物の自殺や自殺未遂が何らかの誘因となって、複数の人々が引き続き自殺していく現象（連鎖自殺）。
（2）複数の人々がほぼ同時に自殺する現象（集団自殺）。
（3）ある特定の場所で自殺が多発する現象（自殺の名所での自殺）。

とされ、狭義には（1）の連鎖自殺のみを指す。

有名人や、それとは逆に身近な人物が自殺を行うことによって、自殺が誘発され連鎖するといった事例は珍しくない。この手の話題で必ず取り沙汰されるのはアイドル岡田有希子の自殺であろう（一九八六年四月八日、所属事務所サン・ミュージックのビルの屋上から投身自殺。享年十八）。彼女が自殺してから二週間のあいだに全国で二十五人の未成年が自殺しており、そのすべてが連鎖自殺ではなかろうが影響の大きさは見当がつく（通称、ユッコ・シンドローム）。

自死への準備状態が整った者にとって、「特別な人物」の自殺（その人物との関連が周

囲に分からないと、まったく動機が不明の唐突な自殺と映るだろう）が一気に自死へのハードルを下げるであろうことは容易に想像がつく。「あの人だって自殺したんだから」というロジックは、自死へのゴー・サイン以前にある種の解放感や安堵感をもたらしたのではあるまいか。もちろん悲しみのあまりの後追い自殺だってあるだろうが。

自殺には、疚《やま》しさや気まずさが伴う。死の恐ろしさ、禍々しさが付きまとう。わたしは自分自身の自殺の可能性について考えるとき、必ずそこには針の山や血の池、無間地獄や阿鼻地獄といった土俗的で迷信そのもののイメージが立ち上がってきて心を脅かす。いい歳をして、子どもと変わらない。こういったものがなければ、とうに自殺していたのではないかと思いたくなるくらいだ。

が、「特別な人物」の自殺はそのようなマイナス・イメージを（一時的に）払拭してくれる。それが結果的には悪く作用するわけだが。

ショックや悲しみと同時に、不意に暗闇の向こうに不思議な明かりが見えたような気分になるのだろう、「特別な人物」の自殺は。あるいは思いがけないところに抜け道があるのを発見したような気分に。もちろんそれは錯覚であり罠なのだろうが。

しかし——その錯覚ないしは罠は、あたかも救い（に似たもの）が突如もたらされたかのような高揚感を伴っているのも事実だろう。そんな気分を味わうことなんて、人生で何度もあるわけではない。連鎖自殺を肯定する気はないが、当人の主観においては意外にもハッピー・エンドなのかもしれないと考えてみたくなる。
（2）の集団自殺は群衆心理や感応精神病（ことに閉鎖的環境下で、影響力の強い者の精神病理が他者に転移する結果生じる精神病状態）で説明されるだろう。（3）の「自殺の名所」はどうだろうか。
自殺を企むほどに追い詰められている人間には、適当な死に場所を吟味するだけの余裕はあるまい。そうなれば、自殺に関して「定評のある」場所を躊躇せずに選んでしまう。多くの先行者がいたとなれば、それは自殺の成功率が高い場所であるのを保証しているわけで、なおさら選択の対象にされやすくなる。当方としては、死ぬときくらい独自性を発揮しろよと言いたくなるものの、独自性にこだわるような精神状態ではまだまだ本気の自殺には程遠いのだろう。

風光明媚な場所、「あやかりたく」なるような人物が自殺した場所（華厳の滝とかサン・ミュージックの事務所があるビルとか）、たんに確実な死が約束されそうな場所（高島平団地とか）などさまざまな条件がありそうだ。風水だの地縛霊だのを持ち出したい気すら起きてくる。

昭和初期には、モダン文化の象徴であるデパートの窓からの投身自殺が流行ったらしく、山名正太郎が『自殺に關する研究』でその理由について突飛な説を記している。現代仮名遣いに直して引用してみよう。


いったい人が高いところに登ると、下へ飛んでみたいと思うのが常である。これは高くなるほど不安定であり、不安定から安定への思慕である。なお自殺者が百貨店に対しては、二つの誘惑が補足をなしている。一つは窓の誘惑である。並列する窓、窓。灯。垂直の柱。見るからに軽快明朗な近代感覚をもった建物の窓。もとより建築は普遍的に美しく、人々をして愉快ならしめることは、建築の効果というよりも、むしろその任務である。そうして窓の多いのは活気に富んで見える。牢獄には窓はない。実際、窓は展望と採光のためにあるのであるが、全くそうした意味で装飾のためにつけられてあるように思われる。

もう一つはその窓下にある並木と散歩道とスピードを生命とする自動車道の誘惑である。ただ道路ばかりでは飛降りを誘致する力も弱いが、脚下に展開する軽快な足どり、自動車のスピード、そうしたものが確かに誘因となるものである。

不安定から安定への思慕というところは、まさにフロイトの「死の欲動」に通じるだろう。それに加えて、モダンなデパート建築における高さとリズミカルな窓の配列がもたらす落下への誘惑、さらに眼下を疾走する自動車のスピードや歩道を闊歩する人々から伝わる軽快さが、酩酊のようにして飛び降り自殺を決行させるという説明である。なんだか未来派的自殺論といった趣である。日本では一九二〇年あたりから未来派が広く知られるようになったらしいので（マリネッティの未来主義創立宣言は一九〇九年）、時期的にも該当する。

ちょっと胸をときめかせるね。

◆
◆
◆

気まぐれや衝動、そうした唐突で不連続な要素によるものではないかと疑いたくなる種類の自殺は、たぶん複数の要因の「合わせ技」で出来《しゅったい》すると思われる。それぞれの要因はさして特異ではない。せいぜいフィロバットや事故傾性といったあたりが、気に掛かる要因となるだけだろう。驚くべき真相が隠されていた、なんてケースは滅多にあるまい。

手品のタネを教えてもらっても、それが名作本格推理小説のトリックのようなカタルシスをもたらすことは稀である。大概はちょっとした盲点を衝いたメイン・アイディアを、巧みな手捌きや先入観を利用して補強しているだけである。さもなければ、珍しくもない小トリックを組み合わせているだけだ。少なくとも宇宙を司る秘密みたいなものが降臨しているわけではない。

周囲が動機について首を捻るような自殺であっても、そこに大いなる人生の秘密を見て取れる場合は稀だと思うのである。しかしそれをわたしたちはなかなか受け入れられない。生きることと死ぬこと、そこに深い意味が潜在していなければ、まるで侮辱されたような気分に陥ってしまうのだろう。

だが仕方がない。そもそも自殺とは、世界をあっさりと見捨てると同時に残された者たちを困惑させる——そうした劇的効果の別名なのだから。

第八章
自殺の七つの型―4
懊悩の究極としての自殺

懊悩の究極としての自殺

わたしたちが漠然と信じている一種の迷信として、以下のようなものがある。人が苦しみ抜き、もはや救いは訪れず、懊悩の果てに追いやられたときにいったいどうなってしまうのか？　その問いへの答である。言い換えれば、苦境が極限に達したときに人間はどう振る舞うのか。

おそらく二つの答が出てくるのではないだろうか。ひとつは、「自殺をする」。もうひとつは「気が狂う」。たぶんこの二つである。場合によっては悟りを開くとか神の啓示に目覚める場合もあるかもしれない。ただしそれは発狂のひとつの形に過ぎないと主張する向きもありそうだ。

たとえば平成三十年（二〇一八）四月二十四日付・読売新聞朝刊の三面記事を紹介してみる。見出しは、《殺人手配犯　遺体で発見》となっている。

神奈川県清川村の宮ヶ瀬ダムで昨年8月に白骨遺体で見つかった男が、同県厚木市で2003年に起きた殺人事件の指名手配犯だったことが県警の鑑定で分かった。捜査関係者が明らかにした。県警は、男が飲食店の女性従業員につきまとった末に殺害に及び、その後ダムに飛び降りて自殺したと見ており、24日にも、容疑者死亡のまま殺人容疑などで書類送検する。

　捜査関係者によると、書類送検されるのは、厚木市南町、アルバイト清掃員久保田匡慶容疑者（事件当時24歳）。03年11月9日午前1時25分頃、同市東町の駐車場で、飲食店から出てきた仲野志帆さん（当時26歳）（静岡県富士市）の胸を刃物で刺して殺害し、止めに入った男性店長にも重傷を負わせた疑い。


　ストーカー男が逆上して標的の女性を刺殺してしまい、しかしそのあとで、もはや自分の人生は終わってしまったと諦めたか、あの世まで相手を追いかけようとしたか、自責の念に駆られたか、いずれにせよ生きているなんて耐えられない状態に陥り（十四年も逃げ回っていたのだ）、ダムに飛び降りて自殺をしたというわけである。

　わたしたちはそのようなストーリーを、ありそうなことだと認識し受け入れる。ストーカー殺人などを犯してしまったら、刑期を終えて出所してもまともな人生など送れまい。もはや満ち足りて平和な生活など望めまい。惨めで苦しい日々しか待ち受けていないに違いない。そうなったら、悲観ないしは自暴自棄によって自殺をしてしまうのも無理からぬことだろうと考える。

だが、ろくでもない殺人犯のうち、自殺をする者はむしろ少数派だ。自分の人生がもはや「詰んで」しまったと悟っても、彼らは死を選ばない。

執拗な「イジメ」を受けて自殺する人がいる。失恋や失敗によって自らの命を絶つ者がいる。肉親や恋人や「かけがえ」のない人物が死んだからと、後を追う者がいる。でも、生き続ける者のほうが多い。はるかに多い。にもかかわらず、我々は絶望や喪失や苦境が自殺への扉であると信じている。

では発狂のほうはどうか。昭和四十三年（一九六八）に封切られた増村保造監督の『セックス・チェック　第2の性』という半エロ映画がある（緒形拳と安田道代＝大楠道代が主演）。この中で、日本スポーツ連盟嘱託医である峰重正雄の妻・彰子（小川真由美が演じる着物姿の貞節な夫人）が、緒形拳演ずる粗暴な男・宮路コーチにレイプされる場面がある。そのショックで彰子は気が狂ってしまい、精神科の病院に収容される。映画では、鉄格子の窓から着物姿のままの彰子が外に向かって、焦点の定まらない目で楽しそうに調子外れな歌を口ずさんでいる光景が描き出される。まさにステレオタイプな《絶望→発狂》そのままで、これを新宿の映画館で観ていたわたしは、まだ高校生ながらも「いくらなんでもねえ」と思ったものである。だがそれはそうとして、やはり懊悩の極限としての狂気といった図式を信じていたのは確かであった。

結局のところ、自殺するか、あるいは生き続けるとすれば狂気の世界に迷い込むか、それこそが苦境が究極に達したところの人間の姿であるという合意が、世間には成立しているわけである。

※究極とは何か

中村古峡（一八八一〜一九五二）という心理学者がいた。夏目漱石門下の文学者であると同時に心理学も修め、診療所を開設するのみならず日本精神医学会を設立、雑誌『変態心理』を創刊している（この場合の変態は神経症的といった意味合いであり、アブノーマルな性嗜好を指しているわけではない）。通俗心理の著作も多い。

彼の著した『自殺及情死の研究』（日本精神医学会、一九二二）には明治や大正時代の自殺ケース、情死ケースが数多く紹介されていてなかなか興味深い。それらの中からここに二症例を引用してみたい。

◆大阪府・宮〇やく（一七）はゴム會社の女工となつてゐたが、白粉をベタ〳〵と塗り立てて便所へ入つた處、同便所設備の防臭劑の化學作用で顔色が一度に黄色に變り、同輩にもからかはれたが生來ヒステリー性の女なので精神に異状を來し鐵道自殺を遂げた。（大正七年九月）

◆高松市・中山〇妻某は、夫の留守に市で廉賣の米を買ひに行き、財布がないのに氣が付いて遺失したものと早合點し、夫に對し済まぬとて路傍で消毒用のフォルマリンを服用し、尚剃刀で咽喉を突いて苦悶中、通行人が發見し仔細を尋ねると、米とか金とかいふのみで死亡した。後で調べてみると右の金は飯臺の抽き出しにあつた由である。（大正七年八月）

最初のケースは、白粉をべたべた塗ってトイレに入ったら防臭剤と化学変化を生じて顔が黄色くなってしまい、恥ずかしさのあまりに鉄道自殺を遂げた。次のケースは、安売りの米を買いに行ったら財布がない。財布をなくした、それでは夫に申し訳ないとホルマリンを飲み喉を剃刀で突いて自殺を遂げた。しかし財布は家に忘れてきただけであったという笑えぬ後日談が続く。

これらに対して中村古峡は素っ気ないコメントを述べる。いわく、「彼等の住んでゐる世界は極めて小さいので、吾人から見て何でもない小さな事にも自殺する。叱られての自殺などといふのはそれで、人を使ふものはよく〳〵注意が必要である」と。なるほど、それはそうだとつい首肯したくなるが、果たしてそう簡単に言い切れるものなのか。中村からすれば貧しく無教養な庶民に該当するであろう人たちには、取るに足らない理由で自殺するケースがことさら多いのか。

ハイティーンの女工にとって化粧がどうした容色がどうしたといったことで頭がいっぱいだったとしても、それは決して不自然ではあるまい。貧しい家庭の主婦が財布をなくしたと知ったら、この世の終わりが訪れたかのように思い詰めても不思議はなかろう。世の中の基準から大きく隔たっているわけではない。それを、「彼等の住んでゐる世界は極めて小さいので、吾人から見て何でもない小さな事にも自殺する」と珍奇な話であるかのように言い切ってしまうのは、あまりにも乱暴ではあるまいか。

彼らにとっての切実な価値観が、中村にはいまひとつ「ぴん」とこなかった。それだけなのに、彼らが極めて小さな世界に住んでいるなどと偉そうに断定するのはいかがなものか。学会の権力争いだとか、研究論文を専門誌に掲載されるか否かといった話ならば大きな世界なのか。名誉だの栄光だのならば気宇壮大な世界なのか。

問題は、心の切り替えが器用に出来るかどうかなのではないだろうか。今現在自分が没入しているテーマが失望や絶望に終わったとき、そこで「ああ、すべて終わりだ！」と悲嘆のあまりに自殺へ短絡するか、一晩泣き明かすか、泥酔するか、心の許せる誰かに告白するか、居直って派手に散財でもするか、手近な対象に当たり散らすか、これも人生勉強だと我慢をするか、振る舞いの仕方は人それぞれであろう。

なるほど目下のテーマに関しては懊悩の究極に達してしまっているかもしれない。が、普通そんなときに人はとりあえずテーマから距離を置く。話をすり替えたり、斜め上の方向に関心を向けたり、とにかく自分を誤魔化す。そして時間を稼ぐ。時間を稼げば気持ちはそれなりに落ち着いてくるし、「あの葡萄は酸っぱいのさ」とばかりに感情をなだめすかせる作用が自動的に発動する。それが自然の形であり、もし自殺が帰結になるとしたら、いじましい固執にこそ精神病理は求められるべきではないか。

ストーカー殺人を行ってしまったのも、自慢の顔が黄色く変わってしまったのも、財布を落とした（と思い込んでしまう）のも、いずれもそれだけでは自殺の理由としての絶対性を持たない。そうした事象へこだわり、精神的な視野狭窄をきたしてしまった挙げ句に自殺以外の選択肢を持たなくなってしまうような柔軟性の欠如が異常なだけである。言い換えるならば、精神的に視野狭窄をきたしている人間には、どんな些細でくだらないことであろうと自殺の理由として作用し得る。究極なんて言うと大層なことに思えるが、無限遠の距離に存在する究極もあれば、十センチ先に立ちはだかる究極もある。言葉に惑わされてはいけない。

※固執と精神的視野狭窄について

この世を生き抜くために、人は無意識のうちにさまざまな戦略を駆使する。固執や精神的視野狭窄は、そうした戦略のひとつとしても登場する。

そもそもわたしたちにとって最大の苦悩は何であろうか。人それぞれにいろいろな意見があろうが、現実生活に即して考えれば、解決のつけようがない悩みがいくつも同時に生じてどこから手をつけていいのかすら分からない状態というのが「苦悩ランキング」のトップとはいわなくとも上位にランクインするのではあるまいか。ひとつひとつは日常レベルの悩みに過ぎなくとも、それらが同時多発的に発生して悩みのゴミ屋敷状態となったとき、わたしたちは心の底からうんざりするだろう。面倒で鬱陶しくて腹立たしくて、しかも無力感に苛まれる。こんな状況のほうがよほど死にたくなりそうだ。

でもそんなときに、人は回避する方策を編み出す。「こだわる」という営みである。どんなくだらないことでも構わない、とにかく固執する。固執するとどうなるか。精神的な視野狭窄状態となる。それはすなわち、固執している事象以外は意識の外に追い出されることに他ならない。スポットライトに照らし出されている対象とは正反対に、その周縁の闇に諸々の厄介事は沈んでしまうわけである。

もちろんそんなことをしても問題解決にはならない。でも、とりあえず気が楽になる。「とっ散らかった」状態が、シンプルになる（ような気がする）。ひと息つける。

別の表現をしてみるなら、「こだわり」は厄介な状況から目を逸らすための陽動作戦だ（神経症も、症状へのこだわりによって苦境からの逃避を図る点では同じ範疇に入る）。もちろんそんな奇策を弄すると事態は結果的になおさら悪化しがちだけれど、しばしば人はこうした伝家の宝刀に頼りたがる。

そしてここが問題なのだが、精神的にすぐ視野狭窄に陥ってそこから抜け出せないタイプの人がいるのである。そのような人がいったん悩みに囚われると、たちまち懊悩の究極に立ち至り、心の切り替えが出来ないまま「もはや打つ手なし！」と自殺に走ってしまうのではないだろうか。そのとき自殺の経緯について、「彼等の住んでゐる世界は極めて小さいので、吾人から見て何でもない小さな事にも自殺する」と断ぜられる可能性が出てくる。まあたしかに、視野狭窄となった目に映る世界は「極めて小さい」のだけれど。

世間を生き抜くための奇策の筈なのに、それが些細でつまらぬ理由で自殺をしてしまうメカニズムを担ってしまう可能性があるとは、まことに皮肉な話である。

※ゴキブリ責めのこと

なお言い添えておくと、発狂というものが「不可逆的で永続的な精神の混乱をきたし、現実との接点を失って妄想や幻覚の世界に生きるようになり、それどころか感情も不安定きわまりない状態となってしまう」といった類のものと考えているとしたら、それが懊悩の究極によってもたらされる可能性はまずない。未治療のまま放置された統合失調症のごく一部に、そのような症状に近いものを示す可能性はある。しかしそれが懊悩の究極から生じるわけではない。今のところ統合失調症の真の原因は不明で（脳神経におけるドパミン仮説の類は、部分的に関与はしていてもそれだけでは実態解明にまったく不十分である）、ましてや絶望だのストレスが直接の理由で生ずるわけではない。ストーリーとして納得がいくような因果関係は存在せずに統合失調症は発病する。

さて、わたしはかなりシリアスな甲殻類恐怖症で、その延長で昆虫もまったく苦手である（昆虫食なんて、とんでもない！）。もしそんな当方が、以下に引用するような目に遭わされたらどうなるか。式貴士「カンタン刑」（『カンタン刑・式貴士怪奇小説コレクション』光文社文庫、二〇〇八所収。同題の短篇は一九七五発表）の一部を紹介する。極悪人、草田八朗が刑に処せられる場面であり、彼は昏睡状態からちょうど目を醒ましたところだ。

上を見ると天井に鏡が貼りつけてあった。コンクリートの床に打ちこんである枷《かせ》に手足をがっちりくわえこまれ、四肢を引きのばされた形で床に固定されている哀れな姿が目に入った。衣服は木綿の囚人服一枚らしい。

だが、その服が見えないくらいに、真黒なものが体中を覆って蠢いていた。胸に、脚に、手の上に、顔の上に、そして口の中いっぱいに……。

それが何千匹というゴキブリの大群だと知った時、さすがの草田八朗は、ふたたび絶叫した。

「クワーッ！　ク、ク、ク、クワーッ！」

（中略）

上下の歯を思うさまこじ開けたまま、口が閉じられないようにつっかい棒代りの金輪が嵌めこまれていた。その上、ゴキブリの大好きな臭いの餌が口中に仕掛けられているらしい。

ピチピチ、シャリシャリ、サワサワ、グソグソ、ジョリジョリ、ゴキブリどもは八朗の狭い口腔の中ではね回り、ひしめきあい、のどちんこを摩擦し、細かい奴は鼻孔の中にまで出たり入ったり遊び回り、図々しい奴はのどの奥、食道近くまで這いこんでこようと、カリカリ鋭い爪を立て、チクチクと赤い粘膜をかじっていた。

このような刑罰を受けたら、それこそ発狂してしまうのだろうか。助け出されて精神科病院へ収容されても、病室で「虫の声」（文部省唱歌）を延々と裏声で歌い続けることになるのだろうか。

おそらくそうはならない。一種の緊急避難として解離状態に陥り、大量の脳内物質が放出され、一時的に精神活動が麻痺したり人格変換でも起きるのではないか。ＰＴＳＤにはなりそうだが、少なくとも不可逆的に狂人と化して以後の生涯を精神科病院で過ごすようにはならないだろう。ゴキブリの刑は、ある意味でわたしには草田八朗と同様に究極そのものであるがそれによって発狂には至るまい。一時的には気が狂ったような激しい反応を示しても、あくまでも一時的だ。口に金輪が嵌められていなくとも、舌を嚙んで自殺を図ることもなさそうな気がする。

※情死のこと

自殺の特殊なタイプとして、心中がある。定義としては、「同じ場所で同時に、二名以上の者が、一緒に自らの意志による合意のうえで、同じ目的のもとに自殺を行う」といったところであろうか。無理心中、後追い心中などの亜型もあるが、男女が悲恋の結果として心中にいたるものを情死と呼ぶ。

情死には究極といった意味合いが強い。懊悩の究極と愛の究極が合体したものと解されがちだからだろう。それこそドラマチックで、ロマンチックである、と。

もっとも自殺学の泰斗である大原健士郎は、「いわゆる近松時代（江戸前期）の情死の原因は、恋と金と恥といわれているが、小峰茂之という学者が昭和のはじめに情死を分類して、夫婦になれないための悲観、痴情関係、経済問題、家庭不和などをあげている。私が何例か調べた結果では、ふたりのなかをさいて結婚させないというケースはないわけではないが、それよりも先に、ふたりが社会や家族に対して不義理な生活をしている、その結果ずんずん自分たちの世界をせばめていって、自殺以外に道がなくなるというケースをとっている者が多い」(『自殺日本』地産出版、一九七三)とシビアな現実を示してみせる。さらに追い打ちを掛けるように、「私は、かつて過去に情死未遂で助かった例にアンケートを出して調べたことがある。それによると、驚いたことに、ふたりで死のうとまでした仲の人が助けられて、当然ふたりがいっしょになっているかと思えば、一〜二年くらいの間に三分の二は別れているのである。／その理由を聞いてみると、『顔を見るのもいやになった。どうしてあんな男と死のうと思ったのか理解に苦しむ』というような答えが返ってくる」と。やはりそんなものだろうと思ういっぽう、いささか鼻白む。

ついでながら、大正三年(一九一四)十月に名古屋の娼妓芝雀(二六)と同じく名古屋在住の加藤文次(二二)とが情死を遂げ、その際に残された遺書が前掲の中村古峡の本に載っているので参考までに紹介してみたい。まず加藤文次が両親に残した遺書。

懐しき兩親よ、私は一夫人の為に、世を捨てねばならぬ義理になりました。唯何んとも言葉にすることの出来ぬ事があります、委細は森川君より聞いて下さい、何卒先達不幸を御許し下され度候。

素っ気なく、苦渋に満ちた文面である。面倒な立場に追い込まれてしまったけれども本当は死にたくない、自分は被害者である、といった気分が窺えないでもない。いっぽう五歳年上の娼妓、芝雀のほうは妙に馴れ馴れしいというかゲスなトーンなのである。まず両親宛の遺書。

乍早速一寸申上げますが、就きましては兩親様私は御先へ御無禮しますから、どうかまめでやつて下さいよ、どうか許して下さい、決して力を落さない様にして下さい、父母様どうか赦して下さい。

いまひとつシリアスさに欠ける。さらに彼女が楼主（雇い主）へ宛てた遺書。

早速ながら手紙にて申上げます。就ては誠に済みませんが何うか赦して下さい、どうか赦して下さい、そして此事能く云ふて置きますがネー、私等が死んだら同じ一つの箱に入れて埋めて下さいよ、此事は両名とも一心の頼みです、どうか赦して下さい、別にしたら一生うらみます、どうか一つ箱に入れて下さる様にくれぐれも御頼み申します、私の郷里の親たちにも承諾させて、どうか別にせぬ様に同じ穴へ埋て下さい、之ばかりは一生の願ひです、頼みます、文次様両名の願は只是れ丈げですよ頼みます。

いやはや「此事能く云ふて置きますがネー」という口調、自分の都合で死んでいくくせに「一生うらみます」といった表現など、苦笑が浮かんでしまう。女のほうはたとえ死という形であろうと、とにかく娼妓の立場から逃げ出せることに浮き足立っているようで、加えて歳下の男との心中に夢中になっており、いささか軽躁状態ではないかと疑いたくなる。いっぽう男のほうは成り行きからいつの間にか死ぬ羽目になって仕舞った気配で、愛の究極とは言い難い雰囲気が漂う。そのぶん、妙なリアリティーが感じられて当方としてはどこか後味がよろしくない。

わたしの感想はともかく、情死という形式には暗黙の了解として「これぱかりはまあ仕方がない」「愛の極致として大目に見るしかなかろう」といった心情が付与されているのではあるまいか。再び大原健士郎の言葉を借りるならば、「情死のところでちょっとふれておかなければならないことは、日本人は特に美しいものを好むということである。日本人には、美しければ罪は消失し、醜いものは罰に相当するのだというような独特の心情がある。たとえば、情死が美しいものであれば罰しない。そういう心情が、ことさら情死を美化したということも考えられる」。かなり荒っぽい意見であるが、言いたいことは分かる。つまり、少なくとも我が国では、情死は一種の様式美として成立しているのではないかというわけだ。

様式美という考え方は興味を惹く。なぜなら、様式美に則ればそれは許容され、ときには賞賛されるからである。死への恐怖も疚しさも、様式美を持ち出せばあっさりと払拭される。自殺に対する抵抗を減らす便利な装置として様式美は機能するかもしれず、もしかするとそれは情死だけに留まらないのではないか。自殺そのものを様式美として捉えて容認する感性すらあり得るとは考えられないか。なお自殺の七つの型の（1）として既に「美学・哲学に準じた自殺」を挙げてあるが、あちらは美の実践として（つまり作品として）大胆にも自殺を担ぎ出しているといったニュアンスを帯びているのに対し、様式美云々は、自殺のハードルを下げ自己正当化を図るといった方便としての色彩が強いところが大きな違いではないかと思う。

※国立《くにたち》三社長心中事件について考える

事件は一九九八年二月二十五日に起きた。

同日、都下・国立市内のビジネスホテルに三名の会社社長がチェックインしたのだが、彼らは夜中にそれぞれの部屋で同時刻に首吊り自殺を遂げたのだった。縊死の直前には、一室に集まりテイクアウトの牛丼（並盛り）と缶ビールでささやかな宴を開いていた。自殺の原因は三人ともそれぞれの会社経営が行き詰まったためで、二十五日は手形の決済日であったという。

三人の社長のうちリーダー格はＭＫ（五一）で、カー・アクセサリーを扱う小売会社「ゲインズ」を経営していた。この会社はピーク時に従業員数百八十名、年商六十億、多摩地区だけで十数店の店舗を構えており、Ｆ１レースのスポンサーに名を連ねたり、競走馬アイネスフウジンの馬主となって一九九〇年の日本ダービーで優勝を経験したりしている。他の二人は小規模ながら自動車部品小売り会社社長のMS（四九）、川崎市の部品卸売会社社長YT（四九）で、MSとYTは幼馴染み、また三人は取引関係のみならずプライベートでも親交が深かった。

一時期は我が世の春を謳歌していたものの、バブル崩壊や競合店の出現で三人の会社はみるみる業績が悪化していった。もはやF1レースだの、日本ダービーどころではない。互いに手形を融資し合って何とか耐えていたものの、遂に三社とも倒産は回避出来そうもないことが判明、すなわち会社危機という「究極」へと追い込まれたのだった。

彼らは経営の行き詰まりに対して大いに責任を感じていたらしい。社長としての自覚が強かったということであろうか。三人揃って遺書を残しているが、いずれにも「死んでお詫びする」という文言があったという。さらに、たとえばMKは四億円の死亡保険に入っていた（他の二名も同じく死亡保険に入っていた）。この受取金で資金繰りの足しにしてくれと遺書に記していたが、そんなものでは焼け石に水である。「ゲインズ」の負債は三十七億円に達していたという。実際、彼らが亡くなった二日後、会社は自己破産手続きを取っている。

以上が「国立三社長心中事件」のあらましなのであるが、わたしの中では結構鮮明な記憶がこの事件については残っている。わざわざ三人が揃ってホテルで首を吊るというところに、当方のみならず誰もが奇異な印象を抱いたのであった。いくら仲が良かったとしても、中年男が三人一緒に自殺なんてちょっと不自然ではないか。同性愛関係を疑った言説までもが取り沙汰されていた（もちろんその可能性は否定されている）。

経営破綻→社長の自殺という図式は、「懊悩の究極としての自殺」という枠組みで一応の納得がいく。でもその割には、どこか余裕があるというか直線的でない。一緒にホテルにチェックインしてそこで縊死を図るとか、牛丼とビールでこの世に別れを告げるとか、微妙に切迫感に乏しい印象がある。最後の宴を終えてから三人はそれぞれの部屋に別れた訳だが、いざ一人になったとき、「あれ、オレはいったい何をやっているんだ？」と疑問を覚えなかったのか。我に返ることはなかったのか。律儀に自殺まで付き合う必要などあるまいに。三人で揃ってキャバレーに遊びに行くのならともかく、お揃いで首吊りなんて変じゃないか。そもそも自殺の直前に牛丼なんて食べる余裕があるものなのか。

実際にそれが行われたのだから、人間はそんなふうに行動することもあるのだなと思うしかない。かえって「これこそがリアル」と思うべきなのだろう。でも違和感が残る。恋人同士や家族での心中なら分かるが、中年男の心中というのはねえ。

このケースにおいても、補助線として様式美という発想が有効かもしれない。たとえば戦場で力尽きた勇者たちに近いイメージを彼らは自分たちに抱いていたのではないか。戦友同士で潔く自決して花と散る、とか。中年男が三人揃って一斉に首を吊るなんて考えるから間抜けな印象が生じるのであり、勇者たちの壮絶なる自決といった文脈で彼らは自己イメージを形成していた可能性はないか。事件ではなく伝説になるのだと自身を説得していた可能性はないか。そこまで想像力を暴走させなくとも、「潔さ」「死んで詫びる」「戦友」「気が動転しての自死ではなく、男らしく運命を受け入れての自死」といったあたりを心の支えとしてこの世に別れを告げていったような気がするのである。

わたし個人としては、誤解されたり困惑されるリスクなんかもはやスルーしたまま ちょっと中二病的な感性に走って心中に及んだような気がして、そこに痛々しさと共感を覚えないでもない。アメリカのように銃が簡単に手に入れば、こうした感性はなお一層エスカレートしそうだ。

それにしても、人はイメージによって生きるものだとつくづく思う。いや、生きるどころか、自殺するためのエネルギーとしても作用してしまうところにうろたえさせられる。

※自殺テンプレートについて

究極の状態にまで追い詰められれば、心は余裕も柔軟性も失いがちだろう。そんなときに限って、自殺という選択肢が頭をかすめる。そして、追い詰められ自殺する者の振る舞い方に関するテンプレートが存在していれば、安易にそれに飛びついてしまうこともありそうだ。そうしたテンプレートのひとつとして、自殺における様式美といったものが確かに存在している。これを用いれば、さして躊躇せずに自決が可能となる。

情死のようにもはや浄瑠璃レベルの伝統芸能めいた自殺テンプレートもあれば、「死んでお詫びする」テンプレート、戦士の美学テンプレート、煩悶する哲学青年テンプレートなど、さまざまなものがあるに違いない。そうしたものの中には、感覚的に理解が難しいものも存在する。

二〇〇二年に、インターネットの自殺掲示板で知り合った男女が、板橋区のアパートで練炭自殺（心中）を遂げた事件があった。三十二歳の女性が残した遺書には「相手は誰でもよかった」と書かれており、これを嚆矢として「ネットで心中相手を募集」「相手を事実上選ばない」「練炭」といった要素からなるネット心中が急速に増えた。二〇〇三〜四年頃がピークだったようで、しかし現在でも散発的に行われている。

常識的に考えれば、ネットで知り合っただけの得体の知れぬ人物と心中するなんて理解が及ばない。どこか自分を粗末に扱い過ぎているように思えてしまうのだ。死とはもっと厳粛であって然るべきではないのか。ピザのデリバリーでも頼むような気軽さに、抵抗感を覚えずにはいられない。

だが死ぬ側にとっては、「たかが」この世から去るだけなのに大仰に考えたがるその心性のほうが、よほど鬱陶しいのであろう。他人を平気でないがしろにするようなお前らに、自殺に関していちいち説教される筋合いなんかない、といったところだろう。

彼らにとっては、ネット心中なんてせいぜい「冥界行きの夜行バス」の同乗者を募るといったノリなのではないか。見送りも餞別もいらないから、さっさとこの世から立ち去りたい、と。そうした心性が時代とシンクロしてある程度の普遍性を持てば、それはネット心中というテンプレートとして形を整えていく。そのテンプレートをそのまま落としどころとして実際に死んで行く者もいるだろうし、ああいろいろな自殺テンプレートがあるのだなと気付くことを介して、自殺をもっと客観的に捉えて最終的には死から距離を置くといった結論を出す者もいるだろう。

精神科医としての経験を含めて個人的意見を申せば、自殺テンプレートにすぐ飛びつくタイプの人は遅かれ早かれ自死を決行しそうな気がするし、それを自殺テンプレートであると冷静に認識できる人は「我に返る」確率が高い。本書の存在意義も、もしかしたらそのあたりに関わっている部分が大きいかもしれない。

第九章

自殺の七つの型――5

命と引き換えのメッセージとしての自殺

命と引き換えのメッセージとしての自殺

自殺は、多かれ少なかれ周囲の人々へ衝撃を与える。ときには世界中の人たちへ、あるいは時代を超えて衝撃を与えつづける。ならば自殺を行うことによって何らかのメッセージをそこへ託そう、これ以上効果的なアピールはないのだから。と、そんな発想が生まれてもおかしくはあるまい。江戸時代の切腹は、どれほどのメッセージ性を帯びていたのだろうか。平均寿命の短かった時代における形骸化した振る舞いにも思えるし、様式美といったものだったかもしれない。だが現代では、（基本的には）人命は限りなく尊重される。そうした空気が支配する世の中における「命と引き換えのメッセージ」には、自殺者当人において期待するものがまことに大きいだろう。

ここにひとつの自殺を報じた記事がある。一九七七年六月二十日の読売新聞朝刊から引用する。メインの見出しは「〃潜水艦人生〃37年目の痛恨」となっている。

【横須賀】十九日午後一時七分ごろ、神奈川県逗子市沼間一の二の二八、国鉄横須賀線東逗子駅の下り線ホームで、同市山の根二の四の一日本鋼管造船事業部兼工業部参与、緒明亮乍《おあきりょうさく》さん（五九）が、大船発横須賀行き貨物電車＝原弘勝運転士（三三）

十両編成＝に飛び込み、頭の骨を折って即死した。

逗子署で調べたところ、緒明さんの背広の内ポケットから「事故の原因は私一人の責任である。二人の有為の青年を失わせた罪は、万死をもっても償い切れない」との遺書が見つかった。

遺書は家族あてと会社あての二通、それぞれ別の封筒に入れてあり、和紙に書かれていた。字体に乱れはなく、一字一字しっかりした筆跡だった。

緒明さんの妻・幸子さんは、さる十七日朝、日本鋼管鶴見造船所で建造したカプセル型潜水艇「うずしお」（五・六トン）が、千葉県房総沖で潜水テスト中、電気配線が焼ける事故を起こし、乗っていた船主の芙蓉海洋開発会社の若い技師二人が、一酸化炭素中毒で死亡したことについて、自分が同艇の設計に携わったことからずっと悩み続けていたという。

また、長男の俊さん（二七）は「父は〝うずしお〟の仕事中はほとんど母船泊まりだったが、十八日夜は九時半ごろ帰宅、ふだんと変わった様子はなかった。だが、今度の事故については父なりにかなり責任を感じていたようだ。常日頃から私たちに、責任を果たせといっており、そうした父の性格が自殺にまで追いやったのだと思う」と話している。

緒明亮乍は、昭和十二年（一九三七）に東大工学部船舶工学科を卒業してすぐに海軍の技術将校となり、以後三十七年に渡り潜水艦の設計に従事してきた。潜水艇「うずしお」の設計ではアドバイザーの地位であり、決して直接の責任者の立場にはなかった。しかし潜水艦技術における第一人者という矜恃が、必要以上の自責感をもたらしたようだ。

潜水艇の中で死亡した若い二名の技術者およびその家族に詫びたいという表明、技術上の責任は自分のみに帰すべきといった主張——そのようなメッセージを最大限に真摯なものとすべく、彼は自殺に及んだのだった。通常、命はヒトにとってもっとも大切なものである、せめてそれを差し出し、また自分が死ぬことでこれから先、これ以上他人に迷惑をかける可能性を絶つ。そうした思いも込められていたに違いない。

自殺するなんてそのほうが無責任だといった意見もあるだろう。だが自分が手がけた仕事で二名もの人が死んだとなれば、そのショックで精神的な視野狭窄状態にもなろう。そのような状態で今自分が何をすべきかと考え詰めたとき、自殺がベストという（いささか短絡的な）結論は決して不自然なものではあるまい。そうした意味では、【懊悩の究極としての自殺】や【精神疾患ないしは異常な精神状態による自殺】といった側面をも備えている。

いっぽう二〇〇八年三月二十六日の読売夕刊には、「小6飛び降り死――卒業式、帰宅後」という見出しの記事が載っている。

東京都板橋区のマンションで25日に区立小6年の男子児童(12)が転落死していたことがわかった。男児は卒業式を終えた直後だった。マンション内の自宅に遺書のような書き置きがあったことから、警視庁志村署は自殺とみて動機を調べている。

同署によると、25日午後1時30分ごろ、板橋区内のマンションの敷地内に男児が倒れているのを管理人が発見、病院で男児の死亡が確認された。自宅居間のテーブルに置かれていたB5判の紙に、家族あてに「死んでおわびします」という内容の言葉が1行だけ書かれていた。倒れていたのは、14階にある自宅の真下で、ベランダから飛び降りたとみられる。

男児は両親らと4人暮らしで、4月から地元の区立中学校に通う予定だった。この日午前には小学校の卒業式に出席、帰宅した直後に自殺したとみられる。家族は外出中だった。

男児が通う小学校の校長が26日午前、区教委で記者会見し、男児について「出席状態もよく、成績も上位だった。いじめは把握していない」と語った。

ただ、卒業式で6年生が一人ずつ、事前に決められたセリフを声に出して小学校生活を振り返った場面では、男児は「大好きな学校」と言うべきところを「大嫌いな学校」に換えていた。校長が理由を問いただしたところ、「緊張して間違えた」と答えたため、しかりはせず、それ以上は尋ねなかったという。


この男子児童が「大嫌いな学校」と言ってしまったのはなぜなのか。フロイトが論文「日常生活の精神病理」で指摘していた無意識の本音、いわゆるフロイト的言い間違いに相当するのか。

その可能性はある。他方、年齢的にはいくぶん早いものの、いわゆる中二病的な反抗心ないしは悪ふざけから、軽い気持ちで「大嫌いな学校」と口走ってしまったのかもしれない。軽い気持ちだったにもかかわらず、卒業式ではざわめきが起こり、予想以上に気詰まりな雰囲気が生じてしまった（本人は生徒たちからの喝采や、賛同の笑い声を期待していたのかもしれない）。彼はたちまち孤立し、後悔を覚える。校長から問い質される事態に陥ってしまった。叱りはせず、それ以上は尋ねなかったとはいうものの、校長の顔付きや態度は児童に「取り返しのつかないことをしてしまった」という絶望感と焦燥とを惹起させたかもしれない。おまけに卒業直後という、いわば人生における真空地帯のような精神状態に置かれていた。いたたまれない気持ちが「死んでおわびします」という書き置きと地上十四階からの飛び降りといった極端な行動に結実しても、あながち不思議ではないのかもしれない。

五十九歳の潜水艦技師も、十二歳の卒業生も、どちらも死んで詫びるというメッセージを実行に移した。結果においては大差がない。児童の自殺については「たかがそんなことで」と言いたくもなるけれど、まだ浅い人生経験においてこのシチュエーションは相当にヘヴィーなものだった筈だ。でも詫びられた側はどうなのか。かえって気まずい思いに駆られてしまったのではあるまいか。

いくら詫びようともあなたを許せない、といったケースは稀ならずある。しかしいきなり、しかも一方的に命を差し出されても困るのだ。そんなものは受け取りたくないとは言わせない。勝手に自殺して「もうこれ以上に詫びることは不可能です」とコミュニケーション打ち切りの宣言をされたようなものだ。おまけに、何だか詫びられる側の態度が相手を自殺に追い込んだかのように周囲から勘繰られてしまう危険すらある。やはりアンフェア感が生じてしまうだろう。

わたしは以前、ある人物からいきなり土下座をされたことがある。こちらに頼み事をする際に、今までの無礼の数々をお許しください、そして願いを受け入れてくださいといった意味での土下座であった。その相手はわたしの悪口をSNSでいろいろ書いていたので(しかもこちらはSNSの発信など一切しない主義だから、反論しないだろうとナメていたのだ)、当方がはなはだしく気分を害していたのは事実である。しかしそれなりの誠実な礼儀を尽くせば、願い事には応じるのが普通の神経ではないか。土下座という「あざとい」行為は暴力である。下品で芝居がかっている。そうしたセンスにこちらを一方的に巻き込むのである。こちらが願い事に応じれば、あたかもわたしが土下座に満足したかのような話になってしまう。断ったとすれば、土下座にすら譲歩しない意固地で狭量な人間といった位置づけがなされてしまう。いずれにせよ土下座を「される」という事態そのものが災難であり、また土下座をするといった価値観や感性にすべてが染め上げられてしまう。汚染されてしまうのだ。

この人物は策略として土下座に及んだのであり、泥臭く卑しい精神が透けて見える。死んで詫びる者にはそうした下品さこそないかもしれないが、結果的には厚かましく暴力的といったトーンは多かれ少なかれ伴っているのではないか。そこまで斟酌する余裕がないままに自殺してしまうわけだろうけれども、詫びられる側の気持ちにもなってみたらどうかとぼやきたくなるのもまた事実である。

あざといといった点においては、抗議の自殺や主義主張としての自殺はどうであろうか。

ＫＤＤ事件という案件があった。それこそ日本中を揺るがせた大規模な汚職事件である。発端は密輸事件であった。ＫＤＤ（現ＫＤＤＩ）の板野學社長が一九七九年十月二日にモスクワからロンドン経由で帰国した。その際、社長に同行していた社員二人が密輸入を図っていたのを成田空港の税関職員に発見された。数千万円相当の高級装身具であったという。

調べてみると密輸入は社長も加わっての組織的犯行で、しかも二十回以上も繰り返されていた。それだけではない。持ち込まれた高級装飾品は政治家および郵政官僚への贈収賄に供されていたのである。国際電話料金の値下げを阻止したいＫＤＤ（国際電信電話株式会社）の裏工作だった。この行為のみならず板野社長（元郵政官僚）のワンマン体制による会社の乱脈経理、政治資金パーティー券購入や交際接待費で数十億円がばらまかれたことなどが発覚し（賄賂を受領した政治家は百九十名に及ぶ）、事件は政官界を広く巻き込んだ。最終的には板野社長は最高裁で懲役十ヶ月、執行猶予二年という軽い刑で終わり、また政官界に徹底した捜査は行われず仕舞いであった。大スキャンダルであったにもかかわらず、まさに尻すぼみに終わってしまった。

だが捜査の途中で、元社長秘書の山口清邦が自宅で首を吊って自殺、さらに前社長付参与であった保田重貞が鉄道自殺をした。二名の命が失われてしまったのである。

保田重貞（六二）はＫＤＤ社員として板野社長の信頼が篤く、贈収賄実行の先兵を務めていた。そんな彼は事件発覚により、警察からの追及の矢面に立たされてしまう。読売新聞二月六日夕刊から記事の一部を引用する。疑惑発覚後に行われた彼へのインタビューをもとにした記事である。

……その時の一時間半にわたるインタビューで、いくつか心に残ったことがあった。

その一つには、保田氏が、「私はなにごとも、板野前社長（引用者注・板野社長は10月25日に辞任している）、佐藤前社長室長の指示で動いた」「二人の恩顧に報いようと、一生懸命につとめた。しかし、（疑惑発覚後の）いまとなっては、そんな私の気持ちに疑問が生じてきました」と繰り返し強調したことだ。へりくだった物腰、やわらかな早口の関西弁。外見からは、初対面の彼の心の奥までうかがうことは不可能だったが、想えばその時、すでに保田氏の心中には、上司への忠義と、疑惑追及の矢面に立たされ、真相を語らなくてはならない葛藤が渦巻いていたに違いない。

その心の動揺は、次第に保田氏の行動にも表れてきた。あまり飲めない保田氏が、KDD本社二十七階でウイスキーのボトルを離さなくなり、十一月下旬、神奈川県下の病院に入院。国会でKDD疑惑が取り上げられた直後、初めて古池会長に電話してきて、「国会でなぜ自分だけが悪者にされるのか。会社の見解を聞きたい」と訴えたこともあった。

先月二十二日、「もうなにもかもイヤになった。死にたい」とシズエ夫人に電話をかけてきて、心配した弁護士が必死に慰めたという。

そして一九八〇年二月六日、すなわち「もうなにもかもイヤになった。死にたい」と妻に電話をした半月後の午前九時五十七分、向ヶ丘遊園駅で小田急線の特急ロマンスカーに飛び込み即死したのだった。彼の上着の内ポケットからは大学ノートの切れはしにボールペンで書かれた遺書が見つかり、そこには「わたしは板野社長、佐藤室長の犠牲になって、死んでいきます。五十五年二月六日 保田重貞」と記されていた。

まさに恨み節であり、彼は自殺によって自分が事実上の被害者であったというメッセージを発したわけであった。これを知って社畜の悲哀に共感した人もいただろうし、当人だって事件発覚の前までは「おこぼれ」に与って甘い汁を吸っていたくせにみっともない奴だと憤慨した人もいただろう。保田の心の動きは概ね見当がつくけれども、結果論からしてみれば、あまりエレガントな人生の終え方とは思えない。エレガントかどうかなんてもはやどうでもいいからこそ自殺に踏み切ってしまったわけではあろうが、このノートの切れはしに記された遺書によって、もはや保田は恨みがましい文言でしか人々の記憶に残らなくなってしまった。彼は自分の生涯を自ら矮小化してしまったように思えて残念である。

おそらく心の片隅ではエレガントであると自認していたように思われる自殺のケースを

挙げておきたい。歌人の岸上大作（一九三九～一九六〇）である。世間的には〈革命と恋に生き、それをナイーブな感性で短歌に詠み、そして自ら命を絶った学生歌人〉といったところか。六〇年安保という時代の空気が、彼の生き方にも死に方にも大きく影響している。

六歳にして父を戦病死で失った岸上は、貧困な暮らしの下、母の手ひとつで育てられた。義務教育を終え（中学時代に社会主義に関心を持つ）、奨学金を受けて高校に進学、在学中に短歌に目覚める。國學院大學文学部にも奨学金を受けて進んだ。この時点で、兵庫県神崎郡田原村から一人で東京に移り住むことになった。アルバイトをしつつ、苦学生として國學院の短歌研究会に所属。同時に政治活動にものめり込んでいく。

六〇年六月十五日、国会構内で日米安全保障条約（安保条約）改定反対闘争のデモに参加中、警官の警棒で頭を殴られ二針を縫う傷を負い、眼鏡の右レンズにはヒビが入った。その場に居合わせた後輩の平田浩二の発言では「岸上さんは怖くなったのか、スクラムを組んだ腕を振り払って隊列を外れたがっているのがわかりました」「私は逆に余計強く腕を締めました」となっている。

デモの最中に警官隊を前にして怯んだ（そして負傷した）という事実は、決して恥ずかしいことではあるまい。だが当人にとっては大きな心の傷となったことだろう。しかも同日、同じ国会構内では樺美智子が死亡し彼に衝撃を与えた。岸上にとって、恥を払拭したいという意味でも、なおさら闘争に傾斜していく契機となったのではないか。なお遡ること二ヶ月前、國學院大學文学部新入生の女性Y・Kが短歌研究会に入会してくる。岸上はたちまち彼女に惹かれ、Y・K（彼の日記にはこのようにイニシャルで書かれていた）は運命の人となっていく。すなわち〈革命と恋〉が輪郭を鮮明にしていく。

岸上は政治活動と並行して詠んだ短歌五十首を「短歌研究」新人賞に応募することに決め、清書をY・Kに依頼する。そうやって親密度を高めていったわけだ。応募作は「意思表示」というタイトルで、「装甲車踏みつけて越す足裏の清しき論理に息つめている」「学連旗たくみにふられ訴えやまぬ内部の声のごときその青」などといったいかにも政治闘争めいた歌が多いが、「海のこと言いてあがりし屋上に風に乱れる髪をみている」などとY・Kを意識した歌も混ざっている。実際、五十首は三つのパートに分かれ、そのうちの十三首には（Ⅱ・Y・K・に）と小見出しが付いているのだ。

「意思表示」は「短歌」誌の新人賞は逃すが推薦作として四十首が九月号に掲載され、以後精力的に発表される作品によって新鋭歌人として注目されるようになっていく。六月十五日の出来事に触発されて詠んだ歌のひとつには「血と雨にワイシャツ濡れている無縁ひとりへの愛うつくしくする」があるが、ちとカッコ良すぎる気がしないでもない。

　こうして記述してみるといかにも青春ドラマめいた人生に見えるが、実際にはどうだったのか。岸上のY・Kに対する執着は、いまどきの言葉で言うならストーカー的な様相すら帯びてきたようだ。一緒に『資本論』を読んだりもしていたが、彼の熱意は彼女にとって恐怖に近いものとさえ感じられるようになっていった。Y・Kは岸上の死後に、小説の形で彼との経緯を発表しているが、そこには「初めは返事をだしたが、その後は〈迷惑だから〉と断ったまま返事を出していなかった。／〈もしかしたらこの人は自殺をするかも知れない〉、夏休みの何通かの手紙でそんな予感がしていた。九月に上京して以来、彼の影が一つの威圧感になり電車の中でも渋谷の街でも学校でも絶えず追われているようで伸びやかな気持になれないでいた」とある。

　これはもう岸上にとって失恋である。彼は煩悶せざるを得ない。それが自死へと結びついていくわけだが、歌人の福島泰樹による評伝『「恋と革命」の死 岸上大作』（皓星社、二〇二〇）には「もし岸上が、短歌を書いていなければ、こうまで自己自身の心情を昂揚させることはなかったであろう。自ら創りだした定型というドグマの中で、苛烈なドラマを演じてしまうこともなかったであろう」という文章がある。なるほどね、さすがに実作者の発言には説得力がある。

それにしても岸上大作が自殺を決行するまでのテンポが早すぎる。Y・Kと出会ってからわずか八ヶ月後には自ら命を絶っているのだ。恩師や友人には自殺を美化したり憧れるようなトーンの発言をしてはいたようだが、口で言うのと実行するのとでは天と地ほどの違いがありはしまいか。これはやはり短歌という表現形式と自己の振る舞いとが悪循環を成し、その結果、自家中毒を起こしてしまった故なのか。

岸上が夭折の歌人として広く知られるようになった理由のひとつは、死の七時間前から自死決行の直前まで、延々と心情を書き綴った原稿用紙（二百字詰）五十四枚に及ぶ手記「ぼくのためのノート」が存在しているからだ。文章という表現手段に長けた人物が、冥界へ足を踏み入れる寸前まで記しつづけた長文の手記には、誰だって関心を向けずにはいられないではないか。

手記は「準備はすでに完了した。もはや時間の経過が、予定のプログラムを遂行するだろう」という一行から始まる。


……自殺には勇気がいるとたしかに思っていた。しかし、この二・三日のあいだにぼくは一生に一度の勇気を奮発したということもない。ただ日常生活のとうりに何時間か費やして来た結果がここに到っただけの話だ。また、自殺をおもいつめている者はすぐにその動作でわかるという。だが、ぼくは何人かの人とあい、電車に乗り、街を歩いた。誰れも、ぼくが自殺の方法を考えているとは思わなかったろう。

自分が死のうとしているのに、誰もそれに気付かない。そのことに優越感を抱いているかのような書きぶりだ。そんなふうにして自分を鼓舞しなければ、プログラムの遂行に躊躇してしまうと恐れていたのかもしれない。

自分の犬死に社会主義の大義名分をかかげるのはよそう。これは、気のよわい、陰険な男の、かたおもい、失恋のはての自殺にすぎないのだ。短研（引用者注・國學院大學短歌研究会のこと）の誰れかが言っていたように、夭折を美しいものとするセンチメンタリズムはよそう。死ぬことは何としてもぶざまだ。首をくってのび切った身体、そしてその一部一部分。あるいは吐しゃ物。これが美しいと言えるか。問題は生きることがぼくにとってそれ以上にぶざまだということだ。

おどけたように、自虐的なことを書いている。この時点に到ってもなお、岸上にはどこか自殺のリアリティが感じられていないような気がする。当人もそれを自覚しているからなのだろうか、さまざまな思い出や未練がましい想像の合間に自殺の具体的な方法を記している。それによれば、「つまり、廂《ひさし》になわをかけ、そのなわで首をしばり、次に、濡れ縁（というのかな）に、ちょっと動いたら落ちるように腰かけて、ブロバリン（引用者注・睡眠薬の商品名）をのめるだけのむ。そして、意識不明になるのを待つ」と。そして彼はそれを実行した。だがその前に彼は「安保闘争に参加し、歌を書き、レーニンを読んだ。ぼくは恋と革命のために生きるんだ！　とおもった。すべてが、ひとりの女へのシュプレヒコールにすぎなかった。そのシュプレヒコールが冷たく拒否されたのは、シュプレヒコールそのものが出発からまちがっていたのだ。それではとり下げて、新たに出発せよというのは誰れだ。そのシュプレヒコールはぼくの二十一年の生涯の結晶だったのだぞ！」などと書いたりする。Y・Kにとっては災難そのものだったであろう。彼女に寝覚めの悪い思いをさせて平気な岸上の自己中心ぶりに、書き写しながら辟易とする。

女々しく、どこか押しつけがましい文章を彼は途中で読み返したのだろうか。読み返したからこそ、以下のような言い訳めいた文章が挿し挟まっているのだろうか。

このノートを書き記しているのは、全く時間つぶしのためであって、演技ではない。もう準備は完了しているのだ。美しいグリンの縄と純白のブロバリン。服毒兼縊死。失敗の心配はない。みごとにぼくは自殺するだろう。でも、まだ時間がはやい。家の人はねむったが、計良さん（引用者注・同じ下宿に住む人物）なんかは少なくとも十二時まではねむらないだろうし、窓の前の家はまだおきていて、絶えず物音がしている。邪魔が入ったら大変。少くとも明朝の一時か二時まで待て。いま十一時まえ。あと二、三時間だ。

もしわたしが自殺しようとしたら、岸上と同じように自己憐憫や言い訳に満ちた長文を書き残してしまいそうな気がして気分が悪くなる。彼の手記に近親憎悪に似たものを感じる人は結構多いかもしれない。

ふるえている。寒さのためだ。ガクガクふるえている。隣りの高瀬さんがねむらないことには、時間が来ても決行できない。早く、電気を消して就寝して下さい！

正座して待つ。ああ！　待つ。ぼくの生涯はすべて待っていた。何かを。いまは、寒さでふるえながら、自分の手でする自分の死を待っている。

筆写しつつ、まるでこれが岸上ではなく当方が書いた文章みたいな気がしてきてげんなりする。憑依でもされた感覚が生じてくるのだ。嫌な意味で普遍性のある文章なのかもしれない。だが長々と書き綴られてきた文章も、とうとう終結が訪れる。

ブロバリン百五十錠飲んでも意識があったら、ウタでも書くことにして、とにかくこれで一区切りつける。これは、一人の男の失恋自殺です。それ以外の何者でもない。本人が最後まで、平常と何らかわりのない精神状態でいうのだから、まちがいない。信じてほしい。明朝、夜があけたら、ぼくがぶざまな死体を雨にぬらしてさらしているだけだ。世の中はしごく太平でめでたいかぎりだ。それでは失敬。ぼくは、これから服装をととのえ、湯呑みに水を注ぐ。万事予定どうり《ママ》にすぎない。それでは、さようなら。やっと二時だ。

一九六〇・十二・五

岸上大作

と、これでおしまいかと思うと、まだ書かれている。

二時三十分、服毒。すぐ意識がなくなるのかとおもったら、なかなか――。一度窓の外に出てみたがさむくってやり切れないので、もう一度ノソノソ入って来て、散らばっていた薬をのむ。

現在、二時三十七分。

顔はレーンコートでかくす。

電気を消して真暗闇の中で

書いている。デタラメダ！

ここで「ぼくのためのノート」は本当に絶筆となる。福島泰樹によれば「十二月五日、月曜日の朝、道路に面した家の二階からレインコートを被り雨に濡れた縊死体を発見したのは、井の頭線〈久我山〉駅へ急ぐサラリーマンであった」。

どこか浮ついた印象を拭えなかった手記も、とうとうこの世への置き土産と化してしまったのであった。わたしは憮然とした表情を浮かべながら、ああ、そうなんですか、としか言いようがない。

それにしても「ぼくのためのノート」は、リアルタイムにその場で即興的に書かれたものだったのだろうか。追記のところで「顔はレーンコートでかくす。／電気を消して真暗闇の中で／書いている」とあるが、肉筆のそれを見なければ断定はできないけれど、真っ暗なところで本当に判読可能な文章など書き残せるのだろうか。

前出の福島による評伝では、そうした疑問にしっかりと答えている。「〈書いている／デタラメダ！〉は原稿用紙六行目に、寄り添うように書かれているが、ペンの文字に乱れはない。更に驚いたことには、原稿用紙左上のノンブル用横線に〈54〉と頁数が記されていることであった。／つまり、岸上大作は、〈顔をレーンコートでかく〉し、〈真っ暗闇の中で書いて〉はいなかったのである。／死の寸前まで、寸分の乱れもなく、冷静に計画を進行させていたのだ。／六〇年安保闘争の歳晩、革命への夢を抱きつつ失恋自殺したという自身の〈肖像〉の完成を目指していたのである」。

さらに、岸上の下宿のくず籠からは彼の死後、「ぼくのためのノート」の下書きが見つかっている。彼の残した手記は、最初にして最後、一回限りのぎりぎりの状況で絞り出された即興のものではなく、むしろ清書に近いものだったのである。鼻白むというよりは、やっぱりねえ、と呟きたくなる。ただしだから岸上を非難する気にはなれない。二十一歳の、しかも表現者としての自覚を有り余るほどに持った青年なのだ。ある程度の演出など、しないほうがおかしい。

岸上はドラマチックでしかもエレガントに人生を終えたかった。それはそれで正しいだろう。「ぼくのためのノート」は、自殺に添えられたメッセージであると同時にちゃんと「作品」として残ったのである。個人的見解を申せば、似たようなことをして自殺していく青年がこの日本において一年に十人くらいはいるのではないか。だがそんな話は聞かないし、手記が公にされることもない。それがいささか信じ難いのである。

さてこの章の最後に、第四章でも遺書にまつわる生々しさやリアリティーにおいて言及した由比忠之進を再び取り上げたい。彼はアメリカの北爆（ベトナム戦争）を支持した佐藤栄作の訪米に抗議するため、一九六七年十一月十一日に首相官邸前で焼身自殺を遂げたのだった。享年七十三。まさにメッセージとしての自殺であった。

岸上大作はある意味でいかにも当時の青年の典型的な内面（のひとつ）を持っていたように思われる。では由比忠之進の人物像はどうであったか。焼身自殺という手段を選ぶ人は、それ相応の特異な内面を持っていそうな気がするので少し調べてみたのである。なお焼身自殺といういささか特異な自殺方法についてここで触れておきたい。

もちろんこの自殺方法は昔からあったわけだが、それを抗議のメッセージとしての自殺として世間に認知させたのは、ベトナムの僧侶ティック・クアン・ドック（一八九七〜一九六三）であった。彼は当時のベトナムの内乱状態、さらには南ベトナムのゴ・ディン・ジエム政権による仏教徒弾圧に抗議し、一九六三年六月十一日サイゴンにあるカンボジア大使館前でガソリンを被り焼身自殺を遂行した。その壮絶な姿はAP通信のアメリカ人ジャーナリストであるマルコム・ブラウンにより撮影され世界中に知られることになった（ピューリッツア賞受賞）。おそらくこの出来事（以後、僧侶による抗議の焼身自殺が相次いだ）が焼身自殺と抗議のメッセージとをイメージ的に強く結びつけることになったのだろう。

ベトナム戦争への抗議という文脈で、一九六五年三月十六日にアメリカの平和運動家かつユダヤ系クエーカー教徒であるアリス・ハーズ（一八八二〜一九六五）がデトロイトで焼身自殺。彼女はベトナムの僧侶たちによる焼身自殺に強く影響された旨を語っており、またこの自殺方法こそがもっとも効果的なアピールと考えていた。ジャーナリストである比嘉康文の『我が身は炎となりて――佐藤首相に焼身抗議した由比忠之進とその時代』（新星出版、二〇一一）にはハーズが書き残したメッセージが載っているので紹介してみたい。

アメリカ国民の皆さんへ
トルーマン、アイゼンハウアー、ケネディ、ジョンソンの各大統領は
皆さんを大嘘でだまし、まよわせてきました。
過去二十年間に、計画的にはぐくまれた憎しみと恐怖によって
みなさんは
議員たちが何兆ドルものお金を
かぎりない破壊の兵器庫に支出するのを

ゆるしておられます。
めざめて、たちあがってください!
明日ではおそすぎるのです。

それとも破滅させるか
それをきめる責任はみなさんの手にあるのです。
神はあなどられません。
わたくしは、自分の意志を表明するため
デトロイトのウェイン大学校庭において
仏教徒の焼身行為の方法により
抗議することをきめました。
アメリカの青年のみなさん!
生にむかって先頭にたってください!
一九六五年三月　　アリス・ハーズ

正直なところ、あまりにも素朴なメッセージに困惑する。言いたいことは分かる。八十三歳という年齢において彼女がなし得る最高に効率的なアピールと判断したであろうことも分かる。だが考えが単純過ぎないか。命と引き換えのメッセージがこんなものなのかよと呟きたくなる。世間が変わると本気で信じているのかよ、と問い質したくなる。

しかしそれ以後、七名のアメリカ人が次々に米国内でベトナム戦争抗議の焼身自殺を遂げている。由比忠之進もその流れにあると見て良いのかもしれない。

由比忠之進は明治二十七年（一八九四）に福岡県糸島郡の旧家に生まれた。福岡市の中学を卒業後、父の反対を押し切り上京、蔵前高等工業（現在の東京工業大学）の電気工業科へ入学した。実家に経済的援助を頼らず、苦学して卒業。在学中に大正デモクラシーの影響を受け、労働問題に関心を深めていく。卒業後、労働運動を行うために学歴を隠して一職工として沖電気に入社するものの、一年働いたところで徴兵され、除隊後に再び沖電気に戻るつもりが経歴を会社に知られて馘首される。無職のときに、知人の紹介で小学校教師の静と結婚。井出孫六の『その時この人がいた――昭和史を彩る異色の肖像37』（毎日新聞社、一九八七）には由比について一章が設けられているが、そこには由比の追悼会で妻の静が語ったエピソードが載っているので引用しておくと、「結婚直後、夫は妻にいきなり〈貧民窟に入る意思はないか〉と問いかけ、妻が拒むと、日記に「失望した」と書いていたという」。

嫁いできたばかりの妻に、いきなり「貧民窟に入る意思はないか」との問いである。これだけを聞かされるといささか面食らうが、これは当時の労働運動と関連している。

セツルメント運動というものがあって、一八八〇年代の英国で始まった。資本主義や急速な工業化によって生じた貧困に対し、知識人や学生、宗教家といった人たちがスラム街や貧民窟へ実際に移住し、共に暮らしつつ社会的弱者たちへ教育、医療、宿泊、託児、自立援助等の手助け等を行う社会事業活動を指す。きわめて実践的かつ献身的であると賞賛する人がいるいっぽう、いかにもインテリの一部が考えそうな理想主義的振る舞いであると揶揄せずにはいられなかった人もいたかもしれない。我が国では関東大震災を契機に活発となった。由比の結婚は震災の三年前になるが、そのとき既に彼はこの運動に共鳴していたのであろう。それにしても常識を逸脱しているというか、使命感の先走りぶりが通常ではないと思わせられる。

同じ頃、由比はエスペラント語を学び始める。

　ここで少し脱線気味になるものの、エスペラント語について述べておきたい。ユダヤ系ポーランド人で眼科医のルドヴィコ・ザメンホフ（一八五九〜一九一七）が創案、一八八七年に発表した人工言語がすなわちエスペラントである。

　共通言語が存在しないがために異国間でのコミュニケーションが困難となり、誤解や感情的行き違いが生じがちなのは誰もが痛感している。といって他国の言語を学ぶのは容易ではない。ことに文法や名詞の格変化、動詞の人称変化などが厄介で、必ずしも規則性だけで理解はできない。そのあたりをシンプルかつ論理的なものに改善し、また語彙は西欧圏で使われているものをベースにして学びやすくしたものがエスペラントということになる。少なくともヨーロッパ圏の人たちには、エスペラントの習得はさほど困難ではないらしい。

　世界統一言語といった構想には、どこか人の心を揺さぶるものがあるようだ。田中克彦『エスペラント――異端の言語』（岩波新書、二〇〇七）によれば、『広辞苑』を編纂した新村出は日本政府代表として一九〇八年、ドレスデンで開かれた第四回世界エスペラント大会に出席している。アナーキストとして知られる大杉栄は、獄中でエスペラントを独学で身につけた（彼は東京外語出身でフランス語に堪能だった）。一九〇六年のことであり、同じ年に二葉亭四迷は我が国初のエスペラント語入門書『世界語』を出版した（彼は東京外語でロシア語を修めている）。柳田国男もエスペラントに強い関心を持ち、さらに宮沢賢治はエスペラントで詩や短歌を書いている。佐藤竜一の『世界の作家　宮沢賢治——エスペラントとイーハトーブ』（彩流社、二〇〇四）を参照すると「イーハトーヴォ」とは岩手をエスペラントふうにイハテ→イーハテ、さらにエスペラントの文法による名詞語尾の変化でイーハテ→イーハトとなり、そこに卵を意味するオーヴォを結びつけ、すなわち「岩手の卵」という架空の地名を作ったという。出口なおによる新興宗教、大本教はエスペラントを布教に活用しようと考え、北一輝はエスペラントに夢の一部を託していた。由比忠之進もまた、エスペラントに心を突き動かされていた。

気まぐれに、わたしも『エスペラント小辞典』（三宅史平編、大学書林）を買ってみた。初版が昭和四十年（一九六五）、当方が購入したものが平成十五年（二〇〇三）発行で四十三版となっている。それなりに需要があるのだろう。が、残念なことに、エスペラントを学んだ人には今まで誰も出会ったことがない。辞典で見る限り、多くの単語は英語レベルの知識で見当がつくものの、牛がbovoとか雷がtondro、鉛筆がkrajonoとか、語源のほうが気になってしまう。それでもなお、本棚の片隅に人工言語の辞典があると思うだけで、なぜか嬉しくなる。でも満足に英語すらマスターできなかった当方には、大杉栄みたいに懲役刑でも科せられない限り、エスペラントを本気で勉強してみる機会はなさそうである。

さて由比は弁理士（特許、実用新案、意匠、商標について、諸手続を取り扱う国家資格）、家具製造、電気技師など職を転々とする。転職の理由は、結局のところ彼なりの正義感や心情と俗世間との摺り合わせが上手くいかなかったからだろう。けれどもエスペラントへの情熱は持ち続け、その普及や教育に手間を惜しむことはなかった。だが時代は太平洋戦争へと近づきつつあった。エスペラント語に対して、それは母国語を否定する姿勢を具現化したものであり自国を裏切る行為そのもののだといった考えが軍部には生まれていた。

一九三八年、由比は友人に誘われて満州へ渡る。満州製糸で技師として働くことになったのだ。そのときの彼は、意外にも満州国を肯定していた。既出の『我が身は炎となりて――佐藤首相に焼身抗議した由比忠之進とその時代』によれば、「つまり、大日本帝国がいう〈民族が協和する理想国家〉〈八紘一宇は日本民族の使命〉を実現する理想国家として（引用者注・由比は）満州国をみていたのだ。言葉をそのまま解釈すると、エスペラントを考案したザメンホフの思想とも相通じるものがあるのだが、満州国の実態はまったく逆であった」。

一九四四年には、日本軍の依頼を受けて由比は木製飛行機の開発をする会社を新京に設立、そこでベニヤ板の軍用機開発に没頭している。今になって眺めれば異様な行動であり思想であるが、彼のように一徹で柔軟性を欠く人は、ツボを突かれれば案外簡単に騙されることがある。

敗戦の日に彼はどう感じ、どう思ったか。日記が残っておらず分からない。が、それまで不当な仕打ちに耐えてきた中国人の恨みが一気に噴き出し、さらにソ連軍の参戦により、満州の日本人は逃げ惑う立場に立たされる。まさに形勢逆転である。軍部が喧伝する満州の立ち位置をそのまま鵜呑みにしていた由比は、自分の認識が誤っていたことを知って衝撃を受ける。二、三ヶ月は腑抜けのようにぼんやりしていた、と家族が証言している。自分が本当は加害者の側にいたと知れば、彼のような人にとって目の前が真っ暗になってしまうのも当然だろう。それは贖罪としての行動に結びつく。混乱状態の満州から帰国したがるのが通常の日本人であるにもかかわらず、由比は家族を日本へ帰らせたものの自分は

満州へ留まった。中国政府による技術者留用に応募したのだ。再び比嘉康文の著書から引用すると、

誰もが一日も早く日本へ帰国することが生きる手段であると考えていたころ、自ら望んで中国の技術者留用に応募する者はほとんどいなかった。だが、由比は「日本帝国主義の多年の支配にたいする国民の一人としてつぐなうとして、奥地行きを志願する」と石堂に語っている。それは単に一時的な技術者留用というものではなく、中国の大地に自らの骨を埋める覚悟で中国に残る決心をしていた。

実際に由比は北満へ赴き、少なくとも自分では戦火で荒廃した大陸の再建に貢献しているつもりになっていた。だが結局、中国政府による帰国命令書により由比は一九四九年に帰国。すると翌年には、京都に赴き一燈園に参加する。一燈園というのは明治の終わりに西田天香が設立した懺悔奉仕団体で、現在も存続している。宗教団体ではなく、争いのない生活を実践すべく共同生活をしながら建築、出版、農業などを営み、得た金は個人では所有しない。我執を捨てて奉仕の形で社会に向き合う。奉仕のひとつとして、全国各地の

家庭や学校、事業所などを訪ねて便所掃除をさせてもらう活動が有名らしい。

一燈園で自分なりに罪滅ぼしをするのも結構だが、由比は一家の主でもある。家族を養う義務があるだろう。友人の説得により一年で一燈園から離脱し家族のもとへ帰り、以後は弁理士の仕事とエスペラント普及に傾注する。

こうして由比の生き方を追っていると、彼の根幹を成す正義と誠実さと理想主義とがしばしば浮世離れしてしまい、世の中をひどく単純化して捉えがちな性向が見て取れる。悪く言えば、極端に走りがちなロマンチストといったところだろうか。しかし年齢を重ねたこともあるのだろう、次第に温和で中庸を心得たかのような生活になっていく。エスペラント運動と平和運動とに関連して国際交流に参加するようにもなる。しかし七十歳を迎えた頃になると、ベトナムへの米国の軍事介入に対し強く義憤を覚えるようになる。七十三歳、すなわち焼身自殺を行う年（一九六七）には東南アジア訪問を控えた佐藤首相に抗議の手紙を出し、またジョンソン米大統領には北爆の無条件停止を訴えた手紙を出している。前出のアリス・ハーズの追悼集会にも出席した。なお彼女はエスペランチストであり、その事実は由比の焼身自殺の決行を心情的に後押ししたのではないか。

意外なことに、由比はアリス・ハーズが自死する以前から焼身自殺を考えていた。『週刊朝日』の一九六七年十二月一日号（価格は六十円。表紙はまだ高校生であった女優の岩井友見。同号には大江健三郎によるルポ「すべての日本人にとっての沖縄」も載っている）には、「本誌独占・由比忠之進さんの日記」という記事が掲載されている。これは由比が大学ノートに残したエスペラントによる日記の一部を、彼と親交のあった福田正男に訳してもらったもので、焼身自殺という言葉が最初に登場するのはハーズが自死するよりも一ヶ月前の一九六七年二月十三日だからである。日記には、テーマが掲げられて小見出しがついている。

二月十三日（月）くもり　寒し　散歩せず

【自殺について】

多分、年老いたためだろうが、小生は病気がちになり、涙もろくなり、小便も近くなった。そのうえ、放尿に時間がかかるようになった。

健康について考えだすと、小生はだんだんと自信がなくなってくる。そうしたとき、小生はどうなるか。病弱、老衰、孤独……それは、小生には耐えられない。

そんな不愉快をさけるためにも、同時にベトナム侵略の米国と佐藤内閣に強く抗議するためにも、焼身自殺を決行しなければならない。この考えは、日に日に、小生の心の中でふくらんでゆく。

由比の胸の内を察するなら、老いへの不安（まだ認知症を恐れていないのは、当時そうした概念がなかったことに加え、平均寿命の短さが関係しているからだろう）と政治的アピール、これら二つの合わせ技で焼身自殺を決行しようと考えたと思われる。どちらも彼にとって切実な問題だったのだから。しかも政治的アピールには、満州における自分の行為に対する贖罪といったものも加味されていたに違いない。

だが客観的に眺めれば、これは公私混同めいたニュアンスがないだろうか。由比忠之進的潔癖さに鑑みれば、首相官邸前での焼身自殺の理由に自分の老いへの不安感が混ざっているなんて首を傾げたくなるのではあるまいか。それを責める気など毛頭ないが、政治的アピールで焼身自殺をする者はいても、老いの先行きを恐れて焼身自殺をする者など聞いたことがない。首相官邸前での焼身自殺は、ある種の英雄的行為だろう。しかしそこに自身の心の弱まりを混入させてしまっては、せっかくの豪胆な行為を権力者にせせら笑われてしまいかねないではないか。まあそこまで首尾一貫させられないところにこそ人間味があり、わたしはむしろ共感を覚えるが。

三月八日（水）晴　散歩せず

【視力の悪化】

相模鉄道・希望が丘駅で電車を待つ間、ホームの広告掲示板を見ていた。そして、視力の近視性がひどく進んだことに気がついた。文字の線が二重に見える。近視眼鏡をかけてみたが、やはりダブって見える。そして涙がしきりと出てくる。これはまさしく、老化の度が強まり、わが生命の灯が終りに近づいたことをはっきりと示しているのだ！

【ジョンソンに対する抗議文作成】

小生の焼身自殺の決意はますます固まった。しかし、事前に警告なしに決行しても、そのよい効果は期待できない。まず、東京のアメリカ大使館を通じてジョンソンに抗議文を送らなければならない。そして、新しいエスカレーションのあった直後、ジョンソンとその同調者佐藤に抗議して、焼身自殺を決行するのだ。

三月十三日（月）晴　散歩せず

【特許局で古い文献調査】

テント骨格で、すでに登録されているもののうち、大正元年から昭和四十年までのものを調査した。いろいろ登録されているが、意出男（引用者注・由比の長男。エスペラントのイデオ〈思想〉に由来する）の考案に似たようなものは見つからない。意出男の考案が発表されたら、きっと成功する。

【ブローチの受取り】

ブローチ（引用者注・原爆ドーム補修費の一助とするために折り鶴のブローチを売る活動に加わっていた）を受取るため平本氏を訪れる。そのとき、同氏はしみじみと小生に忠告してくれた。弁理士の団体に入会して、できるだけ多くの弁理士たちと知合いになるべきだ。いまや、世は特許発明ばやりの時代である。弁理士とは弁護士よりも収入の多いめぐまれた花形職業だ……と。

まさにお説の通り、けれど近く焼身自殺するこの身にとって、そんなことは不必要だ！

日記にはアリス・ハーズの焼身自殺に言及した記載が一切見られず奇異に感じられるが、それが週刊誌では割愛された可能性もあるのでなんとも言えない。日記は七月八日で終わっていて、最後の記述は素っ気なく特別なことは記されていない。自死を目前に、やり終えるべきことが山積みだったのだろう。

なお由比は焼身自殺を遂げる前夜に、家族宛にメモを書いている。そこには以下のような箇条書きの項目があったという。再び比嘉康文の著書から引用させていただく。

一、吾は無神論者で死後の生命を全然信じない。精神は肉体の死と同時に消滅するというのが信念だから別に葬儀など必要ないのだが、世間体があるからやっても良いが極く簡単にやって貰うこと

二、香典などで集まった金は全部ベトナムの戦争犠牲者救済に使うこと。北及南ベトナム両方に等分して

三、死後の霊を信じないから追悼会など全く無用

高飛車というか偉そうな伝言である。もう少し家族に迷惑を掛けているのを自覚すべきではないのか。明治生まれで家父長制のもとに育った男は、精神にプレッシャーが加わると家の者には居丈高になる傾向があるのかもしれない。正義だ信念だなどと偉そうに言っても、家族に甘えてきた部分も多い筈だ。一燈園で謙虚な心を学ばなかったのかよと詰問してみたくなる。

エスペランチストの中には「由比忠之進さんらしい死に方だ」という手記を書いた者が数人いた、と比嘉の著書には述べられている。たしかに彼の人生をなぞり、また性格や考え方、さらには彼が直面した出来事やその時代の空気を考え合わせると、抗議の焼身自殺という結末には納得がいくように思えてしまう。自殺の動機に、そっと老いへの不安を紛れ込ませてしまうあたりも、おそらく彼らしい態度なのだろう。

あからさまに申せば、由比は一種の変人だった。だからいけないという話ではない。少なくとも家族以外には迷惑を掛けず、誠実で芯が通っていたから許容範囲ではあるものの、やはり変人の範疇だろう。でも彼に似た変人は、読者諸氏も、直接か間接かを問わなければ、一人くらいは思い当たる人物を知っているのではないか。そうなると日本全国では、由比に似た人はかなりの数が存在しているに違いない。しかし、その中で焼身自殺をしたのは由比忠之進だけではないか。

いろいろな偶然が重なっただけなのかもしれない。が、やはり由比の自死は異常であり、安易に「由比忠之進さんらしい死に方だ」などと言うのは錯覚であるようにも感じられるのだ。おしなべて自殺の理由についてあれこれと調べても、そこに浮かび出てきた因果関係は「後付けの物語」でしかあるまい。本人すら、その分かりやすい物語を念頭に行動していたように見えなくもない。

どんな物語が用意されようと、間違いなく自殺は唐突で不自然だ。自殺に必然性を与えるような物語は、むしろそれゆえに「まやかし」かもしれないなどと思いたくなる。そうした思いは、うっかりすると本書自体の否定につながりそうな気もするが。

第十章

自殺の七つの型―6
完璧な逃亡としての自殺

完璧な逃亡としての自殺

もう、うんざりだ、こんな場所には一刻たりとも居たくない、と心の底から思った経験のある人は多いだろう。いや、そんな経験を持たぬ者のほうが珍しいのではないか。そして「こんな場所」とは、教室や職場、寮や家、村や町といった限定した空間のみならず、貪欲で無神経な人たちがいる世界、この世そのもの（！）といった具合に逃げることが事実上不可能な広がりを指す場合もある。

たとえ我慢がならなくとも、イジメやハラスメントの行われている場所から逃げ去れるとは限らない。子どもが学校から待避して転校するためには、親を説得して理解を得ねばならない。それがどれだけ難しいか。会社を辞めたくても、家族や生活を考えれば我慢せざるを得ないことのほうが多かろう。ましてや「おぞましい」連中の跋扈する世間からの逃走となったら、修道院か無人島くらいしか逃亡先はあるまい。わたしは過去に、勤務先の経営者と大喧嘩をしてその場で病院を辞めた経験が二度ばかりあるが、こんなことができるのは例外的だろう。医者は、よほど人格に問題がない限り路頭に迷うことはない。そのことはラッキーというしかない。でもだから毎日が心穏やかなわけではない。

逃げ方にもいろいろな形がある。が、それを実行するのは（ほとんどの場合）容易でない。それでもなお、強引にでも逃げなければいられないとしたらどうか。最終的かつ完璧な逃亡の手段としては、自殺が思い浮かぶ。これは逃げるというよりも現実と「縁を切る」ためのもっともラジカルなやり方だろう。理屈としては選択肢のひとつとなろうけれど、実践されることは滅多にない。当然の話である。

一九七五年十月二十六日朝の新聞各紙に、死刑囚の獄中自殺が報じられた。場所は福岡拘置支所（現・福岡拘置所）の独房で、自殺を遂げたのは「ボーナス毒殺事件」の犯人で死刑を言い渡されていた津留静生（四三）であった。カミソリの刃で左手首を切り、十月三日の午前六時頃に出血多量で死亡した。

津留は家庭の事情から大金が入用となり、福岡県筑後市の職員へ支給されるボーナスを強奪しようと思いついた。彼自身、自営業を営みつつ市立病院の運転手を務めていたという。そこでボーナス支給日（一九六四年十二月十五日）に顔見知りの市職員三名が銀行で二千万円を受け取ったのを確認し、職員たちが車に戻るのを待ち伏せた。津留は彼らに青酸カリを混入させた栄養ドリンクを言葉巧みに飲ませ、二名は短時間のうちに死亡。もう一人は味が変だとすぐに吐き出したので助かった。いっぽう津留は、全員を殺せなかったからこのままでは捕まると考え、自身も被害者であると装うべく青酸入りドリンクを少量飲んだ。そのため津留は重体となり病院へ搬送され一命を取り留めたが、生き残った職員の証言から犯行を疑われ、家宅捜査で青酸カリが見つかったことから逮捕されるに至った。その後、一九七〇年一月に死刑が確定した。

しかし死刑囚として収監されても、いつ死刑が行われるかは分からない。五年が経過した。一九七五年六月、同じフロアの死刑囚、西武雄の姿が不意に見当たらなくなった。すなわち西の死刑が執行されたのである。このことに津留はかなり動揺したようであった。死のリアリティーがいきなり彼に迫ってきたのである。

そして同年の十月一日ないしは二日に、津留は自分の死刑執行が十月三日に決まったことを知らされた。当時は、前日か前々日に死刑執行の予定が本人に伝えられ、可能な範囲内で本人が希望する食事メニューを供し、臨時の入浴や親族との面会も特別に許可され、また宗教教誨師や担当刑務官を交えてのお別れ会すら許されていた。が、津留は静かな気持ちで死刑執行を迎え入れることはできなかった。執行をじっと待つことには耐えきれず、自殺によって「こんな場所」——つまり死を座して待つ場所からの究極の逃亡を成功させたわけであった。死刑の恐怖を、自殺で回避するという奇妙な振る舞いである。独房には兄弟らに宛てた遺書数通が残されていたが、遺品整理のことなどが記されていただけであったという。

この事件は、カミソリの刃の入手経路が大問題となり、その関係からマスコミ発表に三週間以上を要した。結局入手経路は不明のままであった。だがそれよりも、死刑執行日を前日ないしは前々日に死刑囚に伝えることの是非が論議されることとなり、結果として、現在では執行当日の朝に本人にそれを知らせ慌ただしく死刑が執り行われるスタイルに変更となったのである。もし自分が死刑囚であったなら、執行日を一、二日前に告知されるのと、当日の朝に不意打ちのように知らされるのと、どちらがいいだろうかと想像せずにはいられない。わたしのような小心者は、いっそ現行のように当日知らされて即執行のほうが気が楽かもしれない。それでも、毎朝、刑務官たちの靴音が自分の房の前で止まったらどうしようと怯える生活はなかなかハードだろうと思う。

逃亡という言葉からは、この津留静生のケースを反射的に連想してしまう。まことに不健全な連想だが。

社会にはろくでもない人物がいろいろ棲息しているけれど、静岡県立の盲・ろう・養護学校の男性教諭某は、教え子の女子生徒に猥褻行為を繰り返してきた。二〇〇五年八月二十九日にその事実が遂に発覚、出勤停止となった。当然のことながら教育委員会から事情聴取を受け、素直に取り調べには応じていた。同年十月三日午後に懲戒処分を言い渡すため県庁に出向くよう本人には伝えられていたが、姿を現さなかった。当該教諭は同日の午前一時頃、自宅近くの山林で既に縊死していたのである(享年四十六)。したがって処分が言い渡されることはなく、そのため懲戒免職は成立しないことになった。検討されていた告発も行われず仕舞いとなったのであった。

その教諭は羞恥および懲戒免職への絶望からいたたまれなくなり、この世から消え去りたい、逃亡したいと考え自殺をしたのであろう。性被害を受けた女子生徒に詫びるつもりで死んだわけではあるまい。処分を言い渡される前に死んでしまえば処分は成立しないだろうと、さすがにそこまで狡猾な計算はしなかっただろうが、結果的には上手く消え失せたわけである。まさに絶好のタイミングであの世に逃走した次第で、それが見事に成功したのが腹立たしい。

右に述べた二つのケースは、いずれも極端なケースである。当人にとっては自殺以外の最適解がなかったであろうことも十分に頷ける。

もう少し一般市民の日常生活レベルに即してみるなら、自殺については、その多くはなにもそこまでしなくとも失踪という手段もあるのではないかと考えたくなる。だが失踪という事象も、まことにダークだ。出身大学や医局のOB名簿を見ていると、たまに現住所や勤務先が真っ白になっていて〈不明〉と書かれている人物に気付く。あれを見ると、軽い衝撃を受けるのである。たんに情報が不明なのではなく、生死が不明であるかのように感じられてしまう。行方知らずになってしまったかのようだ。気味が悪い。

個人的には、失踪という言葉よりも「蒸発」のほうが不気味度が高い。今ではもう死語だけれど、一九六〇年代半ばあたりから、理由も動機も不明のままある日「ふと」いなくなってしまい、行方は杳として知れず、さながら神隠しに遭ったようで、もちろん誘拐されたり事故の犠牲者となったようでもない。自殺の可能性も否定できないが、普段の様子からはそんな気配はまったく感じられなかった――そのような不可解な事例を蒸発と呼ぶようになった。一九六七年には今村昌平監督による映画『人間蒸発』が公開され、これで一気に蒸発という言葉が世間に定着したのだった（当時の世相に照らせば、地方から集団就職で上京した純朴な若者たちが不条理な都会生活を強いられ、結果的に蒸発に至るケースがかなりあったらしい)。

当方が高校一年のときにこの映画は封切られたわけだが、前衛的でしかも問題提起に満ちた傑作だということでかなり巷で評判になっていたのを覚えている。観に行きたいと思っているうちに機会を逃してしまった。半世紀近く経ってから、やっとDVDを購入して鑑賞した。

大島裁という三十歳のセールスマンが、半年後に結婚式を挙げる予定であったのに婚約者の早川佳江を置き去りに蒸発してしまう。音信不通となってしまったので、佳江は警視庁の家出人捜査官に相談するも、何ら進展がない。蒸発して一年半後、今村監督は彼女のことを知り、ドキュメンタリー映画を撮りつつ大島の消息を辿るというプランを提案する。同意した佳江は、俳優の露口茂(レポーター役)および撮影クルーと共に、大島の足跡のみならず彼という人物の素性を調査する探索行に赴く。

全編モノクロで撮影されたフィルムは明暗が強調され、ときに画質は粗くなる。大島の故郷である東北の田舎町は閉鎖的で陰鬱なうえに、有益な手掛かりが摑めない。祈禱師のところにまで彼女は出掛ける。大島の勤務先や営業相手からは、彼の予想外な側面を知らされる。別な女と姿をくらまし、今ではどこか遠くの土地で暮らしている可能性がいちばん高いようである。だが祈禱師は、大島は毒殺されたなどと物騒なことを言い出す。やがて佳江の姉が大島と深い仲になっていた疑惑が生じ、佳江は姉を激しく詰問する。と、こんな調子で、人間の本当の姿を容赦なく追求していくとたぶんこの映画のように厄介になっていくだろうなと思わせられる。と同時に、いささかドラマチックに過ぎるようにも思えてくる。それを裏書きするかのように、終盤になってくるとスタッフや監督が平然と画面に登場したり、佳江や姉が話し合っている室内の壁がいきなり撤去され、その部屋がスタジオのセットであったことが明らかになったりと、まさにドキュメンタリーとフィクションが混ざり合ってしまう。

大島裁の蒸発は事実であったし、登場する関係者も本物であった。しかし撮影クルーと一緒に探索行を続ける佳江はだんだんとカメラ慣れしてくる。ぎこちなさが抜け、台詞もより「本物っぽく」なっていく。つまりフィクションとしての説得力が増していく。と同時に、大島の行方よりも、彼女はレポーター役の露口に恋心を抱いてしまうのだ。結局、大島の行方は今現在になっても不明らしく、他方、佳江にとっては彼の重要性が著しく後退してしまった。蒸発者を求めての探索行は、いつしか本来の意味合いが失われてしまっていたのである。

DVDを観ながら、「本当らしさ」ということを考えずにはいられなかった。ドラマチックであったり意外性が潜んでいることにこそ、つい我々はリアリティーを覚えてしまう。ある種の異物めいた手応えこそが真実を保証しているような気がしてしまう。だがその反対に、「ただ何となく」といった具合に拍子抜けするほどの呆気なさのほうが、かえって真実を指し示しているような気もする。本当らしさはどこにあるのか。

「なぜ蒸発したのか」「なぜ自殺しようとしたか」という問いに対して、「とにかく逃げたかったんです。それが全てです。それ以上はもう訊かないでください！」という悲痛な呻きが発せられたとしたら、おそらくそれがもっともオールマイティーかつ納得のいく返答であるように思える。何となくであろうが意図してであろうが、とにもかくにも逃亡するという振る舞いが持つ説得力は圧倒的でないか。本当らしさとは、そのように身も蓋もなく、むしろ反射的ともいえる行動にこそあるのではないのだろうか。

自分が知っている全ての自殺した者たちに向かって（死んでしまった人たちだから、とりあえず空に向かって）、「ああ、とにかくあなたは無限大の遠方にまで逃げたかったんですね」と、そっと呟いてみる。もちろん返事はない。でもほんの少しだけだが、わたしは腑に落ちたような気分になってくる。彼らをいくらかでも理解した気分になってくるのだ。もちろん所詮それは「気分」でしかないわけだが。

逃亡というテーマに関して、小説をひとつ紹介してみたい。サマセット・モームの短篇、「ロータス・イーター」である。タイトルのLotus eaterとは、ギリシア神話に由来し、安逸をむさぼる人を意味するらしい。

語り手は「私」で、これは作者とほぼ同一と思われる。その「私」が、「自分の人生行路を大胆にも自分の手で定めた人は滅多にいない。もしそのような人が見つかれば、よく観察してみるだけの価値がある」（『モーム短篇選（下）』所収・行方昭夫編訳、岩波文庫、二〇〇八）として例に挙げているのがトマス・ウィルソンという人物であった。

南イタリアにあるカプリ島（ナポリ湾を挟んでナポリ市のほぼ南三十キロにある島。面積約十平方キロ、青の洞窟で有名）。一九一三年の夏、そこにある友人の別荘に滞在したときに、「私」はウィルソンと遇う機会を得たのだった。ウィルソン氏はカプリ島に一人で住んでいた。年齢は四十九歳である。

……皺のあるよく日焼けした長い顔で、唇は薄く、小さいグレイの目は寄り目である。引き締まった、均整の取れた目鼻立ちである。白髪はていねいにブラッシングされている。不味い顔ではなく——実際、若い頃はハンサムでさえあったかもしれない——整った顔である。青い開襟シャツとキャンヴァス地のグレイのズボンをはいているのだが、彼自身のものだという感じがしない。パジャマ姿の時にでも難破して、親切な人のお情けで他人の古着をあてがわれたという印象である。

このラフな服装にも拘わらず、彼は保険会社の支店長のように見えた。本来ならば当然黒い上着に霜降りのズボン、白いカラー、地味なネクタイをしめているはずである。

この描写はかなり正鵠を射ていた。古着をあてがわれたかのような格好のウィルソンは、十五年前には英国ヨーク・アンド・シティ銀行のクロフォード支店長だったのだ。銀行員として堅実な人生を送っていたが、プライベートでは妻を気管支炎で亡くし、一人娘は敗血症で死んだ。彼には親類縁者が事実上いなくて、また兄弟姉妹もいなかった。家族を失った時点で天涯孤独に近い境遇になった。それが三十四歳のときである。

夏の休暇を利用して、独りぼっちのウィルソンはたまたまカプリ島を訪れた。そして美しい島に一目惚れした。ことに、夜中に海上に浮かんだ満月を目にしたときには心が激しく動かされた。それがために彼は自分の人生に疑問を抱くことになった。「十七歳から働き出しました。今後会社にいてどうなるかと言えば、毎日同じ仕事を続け、定年になって退職し、年金で暮らすだけでした。そこまで働く価値があるだろうか、と自分に問いかけました。すべてを放り出して、この島で余生を送っていけないことがあろうか？」

しかし一時的な情熱だけで即決してしまうのは危険だ。銀行員ゆえか、それとも本来の気質なのか、ウィルソンは慎重な男だった。英国に戻ってからじっくり考えてみたものの、やはりカプリ島への憧れが褪せることはなかった。ならばその気持ちを尊重しよう。けれど島へ移住して働かずに暮らすには、いささか高いハードルがあった。

「金銭が多少面倒でした。会社は勤続三十年でないと終身年金を出しません。しかし、それ以前に退職すれば退職金が出ます。それと家を売った金と貯金をあわせても、終身年金を買うには足りませんでした。（中略）全てあわせて幾ら必要か正確に計算しました。所持金では二十五年間保証の年金を買うのがやっとでした」

「当時は三十五歳でしたね」

「そうです。六十まで安楽に暮らせるわけです。六十より長く生きられるかどうか、誰にも分かりません。実際、六十前で亡くなる人が多いようです。まあ、六十までに人生の楽しみは味わったことになりましょう」

「しかし、六十で死ぬとは限りませんね」私が言った。

「さあ、どうでしょう。個人差があります」

（中略）

「二十五年保証年金ですね」

「そうですよ」

「後悔なさったことはありませんか」

「一度もありません。これまでで も、支払っただけの価値があったと思います。しかも後十年残っています。二十五年完璧な幸福を味わってきたのなら、自分の一生はもうここで終わりだ、と言っても構いません」

「そうかもしれませんね」

彼は六十になったら、どうするつもりか、はっきりとは言わなかった。しかし彼の決意は明白だった。

ウィルソンはかなり大胆な見切り発車でカプリ島に移住したのだった。二十五年ぶんの保証年金を頼りに楽しく生きる、という決断だ。六十歳を迎えたときに彼の年金は終了し、もはや生活費はなくなる。当時の平均寿命からすると、六十前に死んでしまう可能性は結構高い。だが（運良く、それとも運悪く）死ななかったらどうするのか。路頭に迷ってしまうではないか。そのときは潔く自殺する、とウィルソン氏は仄めかしている。

なるほど、理屈としては分かる。そして今の彼にはあと十年の猶予がある。それは「まだ十年も」なのか「たった十年しか」なのか。彼としては前者であると考えており、もしも十年を超えたら、余分な命はその価値を認めずに断ち切るというわけだ。

かつて知命（五十歳）を過ぎた引きこもりを、保健師と一緒に自宅へ訪問したことがあった。まだ世間で八〇五〇問題が取り沙汰される以前である。口の重い当人と、あれこれ話し合った。まったく深みに欠ける会話であった。遠からぬうちに親が亡くなり財産が尽きたらどうするのかと尋ねてみた。すると彼はそのときだけは身体を反り返らせ、きっぱり「自殺します」と言い切った。

「本当に？」

「もちろんですよ」

言葉だけははっきりしていたものの、「もちろん」そんな覚悟などあるものか。こちらがさらに追求しようとすると、「うるさいなあ」と言い捨てて背中を向けてしまった。その後、彼がどうなったか。数年のうちに父が亡くなり、母も亡くなり、近所に住んでいた弟は音信不通になった。薄暗い家の中に、彼は一人で取り残された。自殺はせず、民生員や保健師など周囲の計らいで生活保護を受けつつ引きこもりを続けていたが（支えてくれる人たちに、感謝の念を示すことは一切なかった）、やがて糖尿病が悪化し、それを放置していたせいで下肢を切断することになった。二年後に、彼は足のないままゴミのあふれる自室から昇天した。

カプリ島に生活保護制度があったとは思えないが、もしあったとしてもウィルソン氏はそんなものを受ける気はなかったであろう。

ウィルソンのカプリ島での暮らしはどのようなものであったか。「一口に言って、無難なものだった。海水浴、時間をかけた散歩、熟知している島の美しさの鑑賞、ピアノ演奏、トランプ、読書。パーティーに招かれれば出かけた。少し退屈な客だと思われただろうが、なるべく愛想よくした。人に無視されても怒らなかった。人間が嫌いというわけではなかったが、超然としていて親しくはならなかった。慎ましく暮らしたが、十分に快適だった。借金は絶対にしなかった。／どうやらセックスにはあまり興味がなかったようだ」。羨ましい気がしないでもないけれど、わたしだったら歪んだ自己顕示欲を持て余しそうだ。

さて「私」がウィルソンと初対面した翌年に、第一次世界大戦が始まった。そうした混乱もあって、「私」がカプリ島を再訪したのは十三年後であった。島でくつろいでいるときに、「私」はウィルソンに残されていた「十年」という期限が過ぎてしまっていることを思い出した。戦争に駆り出されたり、病死したわけではないようだ。そこで友人に尋ねてみる、「言っていたように自殺したのかな？」

事態は厄介なことになっていた。

ウィルソンの計画は結構だった。ただ、彼が予測できなかった欠点が一つあった。二十五年間こういう僻地で何一つ心を煩わすことなく、のんびり暮らした後では毅然たる性格は失われるということだ。人間の意思は障害に立ち向かうことで強まる。意思が阻害されなければ、目標を達成するために努力を要しなければ、自分の手の届く範囲にあるものだけで欲望が満たされるのならば、意思は無能になる。（中略）ウィルソンの年金が終了した時、長年幸福を味わった代償として遂行するつもりだった自殺をする決断が出来なくなっていた。友人から聞いた話、もっと後で他の人から得た情報などから判断すると、彼に勇気が欠けていたとは思えない。決心がどうしても付かなかったようだ。一日伸ばしに遅らせていたのだ。

これは何となく分かる。自殺するつもりが、決心がつかぬままずるずると日が経ってしまうのはいかにもありそうだ。知命の引きこもり氏は、たぶんそんな逡巡すらすることはなかっただろうが。

それまでは借金などしたことがなかったウィルソンである。支払いの遅れや借金を、一年間は見逃してもらえた。だがそれが限度だった。彼は誰にも信用されなくなり、住んでいた小さな家も追い出されることになった。家を出る前日、遂にウィルソンは自殺に踏み切った。寝室のドアと窓を締め切り、隙間を塞いだ。そうやって炭の火鉢に火を起こした。一酸化炭素中毒で死のうとしたわけである。だが、故意か不注意か分からないけれど、段取りが不十分だった。意識不明の状態で彼は発見されてしまった。病院に運ばれ手当を受け、どうにか意識は取り戻した。しかし大脳は深刻なダメージを受けていた。もはや相手をまともに認識できず、会話もできない。人間以前のレベルに精神が後退してしまったようであった。病院へ面会に赴いた友人は語る。

「会いに行ったのだがね。喋らせようとしたが、変な目で僕を見るだけだった。どこで会ったか分からないようだった。白い顎髭が一週間伸びたままで、ベッドに寝ている姿は惨めだったが、あの変な目付き以外は正常に見えたよ」

「変な目付きって？」

「どう言ったらいいかな。困惑した目付きだ。変な比喩だけど、石を真上に放り上げて、待っていてもそれが落ちてこないで空中に留まっているって感じかな」

「それは困惑するだろうな」

「とにかく、そんな目付きだ」

無一文で、引き取り手はいない。コミュニケーションも成立しない。だが生きてはいる。そんなウィルソンに対して、かつて彼の召使いであったアスンタが引受人を買って出た。

ウィルソンが、彼女に親切で誠実な主人だったからだ。アスンタの家の物置で彼は雨露を凌ぐことになった。粗末な食事も分けてもらえた。でも今のウィルソンには、そうした事態をきちんと把握して礼を述べる能力すら失われている。ときには（まるで家畜のように）水運びや牛小屋の掃除などを手伝わされ、あとは一日中丘を歩き回っている。アスンタ以外の人が近寄ろうとすると、「ウサギのように逃げてしまう」。まさに怯える動物そのもののようだった。かつては英国でヨーク・アンド・シティ銀行クロフォード支店長を務めていたというのに。

結局、疑い深い小動物さながらにこそこそ生きていたウィルソンは、そのようになって六年目にあっさり死んだ。ファルグリオーニと呼ばれる奇岩が海から突き出ているのが見える山腹で、ある朝、穏やかな顔で横たわったままひっそりと亡くなっているのを発見されたのだ。前の晩は満月で、そうなると月光に照らされた奇岩はさぞかし素晴らしい眺めを提供してくれたに違いない。小説の最後は、「ひょっとすると、光景のあまりの美しさに打たれて死んだのかもしれない」と結ばれている。なんというシニカルな書き方だろうか。モーム最高！　とわたしは賛辞を送りたくなる。

退屈で息苦しい英国での生活から、ウィルソンは逃亡したのだった。隣人や同僚に、彼は行き先を告げたのだろうか。もしかすると一切言わなかったかもしれない。そうなると、もはや彼は蒸発したかのように姿を消したことになる。そしてカプリ島でささやかな自由を満喫して二十五年を過ごした。そのあいだに寿命を全うできることを期待していた。けれど、彼の寿命は終わっていなかった。これでは、逃亡が成功したことにはならない。

そんなときのために自殺をすると決めていたが、いざ「そのとき」が来てみると、そう簡単には自殺に踏み切れない。不本意な逡巡の挙げ句に中途半端な自殺を試みて、精神は死んだが身体は生きているといった状態になってしまった。そうやって六年後に、やっとウィルソンはこの世から逃げ去ることができたのだった。六年がかりの自殺を遂行したと言い直してもよいのだろう。

カプリ島の次は、伊豆大島である。

昭和八年（一九三三）、伊豆大島の活火山・三原山への投身自殺ブームが起きた。その年一年のあいだにカウントされた三原山火口への自殺者は二百数十名、未遂者を含めれば九百数十名に及んだのだから、これは尋常ではない。

もちろん契機はあった。同年二月十二日朝、東京湾汽船菊丸によって二名の女学生が伊豆大島へ上陸した。彼女たちはそのまま三原山へ登っていったが、午後になって下山してきたのは一名のみ、実践高等女学校専門部国文科二年生の富田昌子（二一）であった。となると、もう一人の女学生、富田の級友であった松本貴代子（二一）はどうしたのか。

噴火口に飛び込んでしまったというのである。地元では上陸した二人の様子が気になり警戒をしていたらしい。下山したのが富田のみだったことから彼女は保護され、尋問を受けた結果、同行していた松本の飛び込み自殺が判明したのである。当初は同性心中に失敗して松本だけが火口に姿を消したと思われていた。

ところが取り調べを進めるうちに意外な事実が判明してくる。富田昌子はおよそ一ヶ月前、やはり実践高等女学校専門部国文科、ただし一学年上であった眞許三枝子（二四）と三原山に登り、火口への飛び込み自殺に立ち会ったことが判明したのだ。すなわち富田は、二名の学友の飛び込み自殺の道案内兼立会人を務めていた。マスコミはその事実に飛びつく。

読売新聞の昭和八年（一九三三）二月十五日付では、

学友の噴火口投身を

奇怪！二度も道案内
実践女学校専門部生の怪行動
三原山に「死を誘う女」

とのセンセーショナルな見出しで報じた。以後、事件は猟奇的色彩を帯びた事件として広く報道されていく。いったい富田昌子とはどのような女であったのか、彼女はどんな意図で二名もの学友を噴火口へと導いたのか。そこに悪意や異常心理は介在していたのか。

亡くなった松本、眞許の双方はたしかに死に憧れていたようであった。ことに松本貴代子は三原山の光景に思い入れがあったようで、自殺行へ赴く数日前に父へ向かって冗談半分に「三原山の煙を見たら私の位牌と思って下さい」などと口にしていたらしい。だが結局、事件の実相は分からず仕舞いになる。世間から「死を誘う女」として糾弾され、また異常な神経の女として取り沙汰されていた富田昌子は郷里に戻って逼塞していたが同年四月二十九日に急逝してしまったからだ。もはや真実を語ることのできる者はいない。脳底脳膜炎による死去とされているが、自殺が疑われる。

それにしてもこの事件には（いささかゲスな、あるいはきわめて文学チックな）想像力が刺激される。高橋たか子は一九七六年にこの事件を下敷きに長編小説『誘惑者』を刊行した。おそろしく暗い小説で、死というテーマへの固執に圧倒される。イメージ豊かな心理描写のみならず火口に飛び込む場面の迫真的な描写には、著者の底力を感じずにはいられない。泉鏡花賞を受賞した。現在では講談社文芸文庫で読むことができる。

ではこの不気味な事件がなぜ自殺ブームに直結するのか。常識的には、不吉だからとむしろ忌避されて然るべきではあるまいか。

今防人による論文「観光地と自殺――昭和八年、伊豆大島・三原山における投身自殺の流行を中心に」(『流通問題研究』二三号・一九九四年五月 ※ネットで閲覧可能)によれば、三原山の事件の前年、昭和七年(一九三二)五月八日に起きた「坂田山心中」の影響が大きいらしい。

その晩、東海道本線大磯駅裏手の草むらで二名の若い男女が心中をした。昇汞水《しょうこうすい》(水銀を含有する)による服毒自殺であった。男性は男爵の甥、つまり華族の家系にある慶應義塾大学の学生・調所五郎(二四)で、女性は静岡の資産家の娘・湯山八重子(二二)であった。双方はキリスト教の祈禱会で知り合い、相思相愛の仲だった。結婚を望んでいたものの、八重子の両親が反対して別の縁談を押しつけようとしていたことから将来を悲観して心中に及んだらしい。

二人の遺体は引き取り手を待っていったん近所の無縁墓地に仮埋葬されたが、五月十日の朝に墓が掘り返され八重子の遺体が持ち去られているのが判明する。大規模な捜索が行われ、墓地から三百メートル離れた船小屋の砂地から全裸の遺体が発見された。まさに猟奇事件である。火葬場の職員が逮捕されるに至ったが、当然のことながら屍姦が疑われるではないか。そこで警察は検死結果として死体はきれいなままであった旨を発表する。それを受けて、新聞報道は猟奇よりも〈プラトニック・ラブを貫いて二人は心中した〉という方向にニュアンスを変える。東京日日新聞では「純潔の香高く　天国に結ぶ恋」と賛美した。のみならず心中現場は八郎山と呼ばれていたのに、東京日日新聞の記者はそれでは詩情に欠けるからと、勝手に地名を坂田山と名付けてしまう。かくして坂田山心中と呼ばれる「天国に結ぶ恋」のストーリーが、ロマンチックな響きを伴って全国に知れ渡るようになる。それどころか事件が報道されてから間髪を入れず映画化が決定し、わずか二週間で松竹蒲田の五所平之助監督が『天国に結ぶ恋』（主演は竹内良一、川崎弘子）を撮り上げる。主題歌は西条八十作詞で、映画はセンチメンタルな主題歌とともに大ヒットとなった。あざとい話である。

心中礼賛の映画であり主題歌であった。結果として坂田山で模倣心中をするカップルが次々に現れ、その年だけで二十組が心中を遂げ、映画を観ながら劇場で昇汞水を呷《あお》って心中するケースまで生じた。昭和十年までに、未遂を含み約二百名の自殺者が出てしまったのである。結局、美化されたイメージとして自殺とか天国といったキーワードが世間を席巻していくことになる。それに加えて、世相は「エロ・グロ・ナンセンス」と呼ばれる時代の真っ最中であった。

エロ・グロ・ナンセンスとは、昭和初期、大恐慌の起きた一九二九（昭和四）年から二・二六事件の起きた一九三六（昭和十一）年あたりの期間における扇情的で露悪的、俗悪でいかがわしい文化的風潮を指す。具体的には江戸川乱歩や夢野久作が活躍し、玉ノ井バラバラ殺人事件や阿部定事件が起き、地下本やエロ歌謡、犯罪心理学、カジノ・フォーリー、エロ接客を主体としたカフェーなどが時代を毒々しく彩った。そんな時代であったからこそ猟奇めいた事件は歓迎され、と同時にいささか現実離れした美化のなされた坂田山心中も「口直し」として受け入れられたのだろう。どちらも死を弄ぶかのような姿勢においては大差がない。エロもグロもナンセンスも、人生を茶化し死を玩具のように扱った。

ここで三原山に話を戻せば、火口が自殺の場所としてあれほどに人々を魅了した理由とは何だったのであろう。この点に関しては高橋たか子の『誘惑者』が興味深い視点を提供してくれる。

作品中で自殺志願者の織田薫は火口の縁に立ち、「死を誘う女」富田昌子に相当する女子大生・鳥居哲代に向かってこんなことを言うのである。


「あなたも思うでしょ。火口の中は、ぱあっと明るいいって」

織田薫は、答を強要する。わがままな幼女のように言う。

「――――」

鳥居哲代は顔を固くしていた。

「こんなにさむざむと空虚なものとは正反対のものが、中にはあるって思うでしょ」

織田薫は鳥居哲代の両手を痛いほど握りしめていく。

「――――」

鳥居哲代は辛くなってきた。

「あなたの最後の言葉、私のために、そう言って」

織田薫の眼には狂気と正気が交錯する。

鳥居哲代がいつまでも口を開かないので、織田薫は、屏風状の岩壁のほうへ鳥居哲代の両手をとったまま強引にすすんでいく。

「火口の中は、ぱあっと明るいわ」

と、鳥居哲代は呪文のように口にした。


そんなやりとりがあって間もなく、織田薫は火口に消えてしまうのだった。どんなに織田薫が「火口の中は、ぱあっと明るい」と言ってくれと懇願しようと、鳥居哲代がそれに応じたがらないのは、ある人物から、火口に身を投げれば一直線にマグマに突入するなんてことはあり得ないと教えられていたからだ。織田薫と三原山を登りながら、既に鳥居哲代はそのような自殺方法によってもたらされる残酷な顚末をありありと頭の中に思い描いていた。

一、二時間の後には、既に織田薫は火口のなかにいるだろう。その時、彼女は火口の底の火に焼かれているのでなくて、底には程遠い、途中に出張った岩棚に昏倒しているだろう。火など何処にもない。一瞬のうちに火山のなかで炎と同化するという希望などは何処にもない。織田薫は昏倒から醒めた時、有毒ガスの充ちている夜の只中にいることに気づくだろう。気づかなければまだしもだが、気づいた時から地獄が始まる。

織田薫は夜の只中に目を醒ます。それは、生きているという夜よりも、もっと凄まじい夜である。月も星もない夜空の黒さが、火口のなかの闇に続いていて、一切がただただ夜なのである。ここが火口のなかの岩棚なのだということさえわからない。無辺際のその夜には、息を詰まらせる悪意も潜んでいる。けれども、それが火口の壁から噴いているガスなのだ、ということもわかりようもない。一切が理解を超えているという状況に置かれていて、何時間も或いは何日もかけて、ガスに犯されていく。

おそらくその通りなのだろう。そして昭和八年（一九三三）の三原山・投身自殺ブームに乗じて次々に穴へ飛び込んだ人たちは誰もが「火口の中は、ぱあっと明るい」と思っていたに違いない。だから火山に魅了された。彼らは自分が生きているこの世の中にうんざりし、そこからの完璧な逃亡を図った。そのとき、縦穴としての火口は避難経路そのもののように感じられたのだろう。火口に飛び込めば、その向こうには「ぱあっと明るい」世界が救いのように待ち受けているのであろう、と。火口をくぐり抜ければ救済が訪れるであろう、と。

ところで鳥居哲代へ火口自殺の悲惨な実相を教えた「ある人物」とは、小説中では松澤龍介という退廃的なインテリということになっているが、おそらく澁澤龍彥のことであろう。実際に高橋たか子は彼と交流があり、一緒に翻訳した海外小説もある。その松澤龍介とのやりとりをここに引用してみる。

「死なない場合もあるんですか」

と、鳥居哲代は自分に向けて言うように言った。

「とにかく上がってこれないんだから、気が狂うだろうね。だが、ちょっとすさまじいじゃないか、火口内の狂人という図は」

松澤龍介は、さっきもそうだったが今も、なにか壮絶な図というものを享楽するふうだった。

その想像図に、鳥居哲代はぶるっと戦慄した。松澤龍介に触発されたふうに、その恐怖には恐怖そのものを享楽する気分が混じっているのがわかった。

松澤龍介という男はロクでもない奴だなあと思うと同時に、わたしは明らかに自分が松澤龍介的な感性の持ち主だと実感する。つまり無責任で残忍な享楽派ということだ。だからこそこのような本を書いているのだというのも自覚している。自覚はしているが反省はしていないので、いずれ火口内の狂人みたいな運命に陥るだろう。

第十一章
自殺の七つの型—7
精神疾患ないしは異常な精神状態による自殺

精神疾患ないしは異常な精神状態による自殺

飲酒によって、性格ががらりと変わる人がいる。普段の人柄とは似ても似つかぬ性格（多くは困った性格）へと豹変し、周囲を驚かせると同時に迷惑を掛ける。やたらと絡んだり、セクハラやパワハラに及んだり、酒乱というか乱暴で怒りっぽくなったりする。

こういったケースについて、おそらく二通りの考え方が成り立つだろう。ひとつは、アルコールの薬理作用によって、その人とは無関係のあらたな性格が勝手に立ち上がる。言い換えれば、酒によって作り出された幻影のようなものとして困った人柄が出来するのである、と。いっぽう、アルコールによって抑制が外れ、普段は押し隠していた側面が炙り出されてくるといった理解もあり得るだろう。飲酒によって油断が生じ、ブラックな側面が心の奥から召喚されたのである、と。

本当のところはどちらなのだろう。ケースバイケースのような気もするし、むしろ後者が真相であるようにも思われる。

精神を病んだり精神状態が逸脱して自殺に至る人についても、同じような解釈をしてみたくなる。心の機能が（精神的ショックや持続するストレス、精神疾患などによって）損なわれてしまったゆえに、本当だったら自殺とは無縁の人が（正常な判断力を失ってしまい、まさに気の迷いとして）自殺に及んでしまうのだという理解がある。他方、ブレーキが外れた結果としてその人がもともと抱いていた自殺指向が顕現し、それどころか駆り立てられるように自殺に走ってしまうのである、と。これもまた、どちらが本当なのかは正直なところよく分からない。

司法的には、精神病を患っている者が犯罪に及んだ際には心神喪失や心神耗弱が適応されることが多いわけであるが、それは不運にも心の機能が損なわれてしまったがために生じた逸脱行動――つまり病んでさえいなければそんなことはしないであろうという一種の性善説に基づいた判断ということになる。

なおアルコールや覚醒剤によって理性を失い犯罪に及んだ場合には、心神喪失や心神耗弱は適応されない。なぜならアルコールや覚醒剤服用による逸脱行為は「原因において自由な行為」であるとされ、すなわち服用すれば問題を起こす可能性は本人なりに予見ができた筈であり（いや、予見すべきであり）、そこを勝手にスルーしての問題行動には自己責任が伴うのが当たり前、というわけである。

実際に精神を病んだ人たちの自殺ケースに遭遇してみると、「病んだからこそ着想してしまった死という選択肢」といった印象が強い場合もあれば、「自殺への親和性が遂に現実となってしまった……」という思いを抱かせる場合もある。もちろん、どちらも病みさえしなければ自殺なんかしなかったであろうけれど。

自殺の危険を考慮に入れるべき精神疾患としては、やはりうつ病が第一に挙げられよう。うつ病はそれになりやすい性格といったものが昔から指摘されており、そのあたりから考えてみると、「うつ病になりやすい性格」が自殺と通底しているかどうかが問題になってくるだろう。

典型的ないしは古典的なうつ病（いわゆる新型うつ病とか適応障害とは違う）と呼ばれるものには、特有の病前性格がある。真面目・熱心・几帳面で、変化が苦手といった性格である。すなわち、ひとつのことに一所懸命こつこつと努力を重ねていくのが美徳といった精神のありようである。そのぶん臨機応変が苦手で、ソツのなさよりは律儀で地道で真摯であることを重んじる。それは年功序列の安定した社会でこそ歓迎されるだろう。シニカルな言い方をしてみるなら、保守的で、社畜に相応しい精神のありようだ。あるいは理不尽な下積みを長く耐えてこそ一人前になれるといった職人の世界に相応しい。

彼らはおしなべて「いい人」である。秩序を重んじ、ノーと言いたがらない。しっかりと空気を読む。残業を厭わないし、ノルマが終わったからとさっさと自分だけ退社したりはしない。協調性（本当は馴れ合いに近いのだが）を大切にするのである。会社の行事にはきちんと参加するし、隠し芸が必要なら自宅で真剣に練習をするだろう。自分が帰属する組織が自分をそれなりに認め守ってくれるなら、献身的でありつづける。無難で月並みであることを「みっともない」とは考えない。ある意味、分をわきまえており、典型的な小市民とも言えるだろう。

そのように堅実な性格は、地に足が着いている。あたかも自殺とは無縁のように感じられる。だがそこには、現状にしがみついていなければ大変なことになるという不安、おどおどした心情が隠されている。だから現状維持が難しくなったとき——環境や仕事内容などが急に変わったり、今までとはまったく別なタイプの上司が赴任してきたときなどに危機が訪れる。フレキシブルに自分を変えていけないからだ。

そうなると、たとえば係長から課長に昇進した場合はどうか。出世なのである。傍目には目出度いことと映るだろう。しかし当人にとっては今までと求められるものが激変する。戸惑うばかりだろう（中井久夫は、彼らはたとえば係長から課長への昇進よりもむしろ「日本一の係長」になることを望む、と指摘している）。しかも昇進したというのはつまり自分を引き立ててくれた人がいるということだ。そういった人に報いるためにも、早急に成果を出さねばならない。そうでなければ申し訳ない。だが同僚や部下たちは「お手並み拝見」とばかりに、むしろ意地悪な視線を向けてくるかもしれない。すなわち他人が想像するよりもはるかに強烈なプレッシャーを受けがちになる。だから精神科には「昇進うつ病」という言葉もあるくらいだ。

すなわち、目出度く昇進してしばらくしたら自殺しました、などというパラドキシカルな事態があり得るといった話になる。彼らはその生真面目さゆえに、容易には泣き言を口にしない。他人を恨むよりも、自分を責める。それゆえに、なおさら「うつ」をこじらせる。そういったメカニズムに鑑みるなら、真面目・熱心・几帳面は自殺に親和性があると言うことができよう。

精神科医に自殺をテーマに講演をさせると、内容のほとんどはうつ病の話になる。うつ病ならば（ちゃんと医療につながれば）適切な治療によって自殺を防ぎ得るからだ。逆に、うつ病以外の自殺についてはほとんど分からない。予測もつかない。コメントのしようがない。ストレスのない生活を送っていれば自殺とは無縁、といった話にもならない。だからうつ病の話ばかりしたがる。

癌ノイローゼで自殺した大学教授がいた。四半世紀くらい前の出来事である。留学中の西欧圏で体調不良が生じ、改善しない。集中力も低下し、研究にも支障が生じるようになった。やむなく留学を中断して帰国したものの、具合は悪くなるいっぽうである。講義どころではない。癌として思い当たる症状がいくつかあることに気づき、妻の勧めもあって教授は家の近くの病院を受診した（彼が勤務している大学には医学部がなかった）。検査の結果は「異常なし」とのことであった。体調不良は「気のせい」というわけである。彼は結果を信用できなかった。もしかすると見落としや誤診があったのではないか。実はもう手の施しようがないほどに癌は進んでおり、今さら本人へそれを告げても仕方がないと医師と妻とが相談した結果が「異常なし」だったのではないかと疑った。

疑いはどんどん膨らんでいった。心配で夜もろくに眠れず、食欲も落ちて痩せていく。気力も体力も減少していく。別の病院ならばどうだろうかと受診してみたが、そこでも結果は「異常なし」である。せいぜい栄養不足を指摘されただけだった。またしても見落としや誤診がなされたのではあるまいか。彼はあちこちの病院を次々に訪れた。意地になっている。もはや癌であると言われるのを期待しているかのような、本末転倒な状態である。

妻もおろおろするばかりで、それが彼には「やはり妻はオレが癌であることを隠している」といった疑惑に結びついた。

　実はこの教授は過去に学生と性的関係を結んだことがあり（まさに気の迷いであった）、幸いにも表沙汰にはならずに解決していた。妻にも知られずに済んだ。が、彼にはこのことにかなり罪悪感を覚えていたらしい。不倫の報いが癌であるといった自罰的な発想が、なおさら末期癌という確信を強めていった。

　季節は冬になっていた。まだ太陽の昇っていない暗い早朝、憔悴しきっていた教授は妻を揺り起こし、もうこれ以上苦しみには耐えられないから自殺をしたいと告げた。この時点において、妻は夫に影響されて判断能力を喪失していたらしい。子どものいない二人暮らしの彼らは、知人たちを遠ざけ逼塞していたがもはやそんな状況には耐えられなくなっていたのだ。日本間の鴨居にロープを掛ける作業を妻は黙々と手伝った。彼女の手助けがなければ首を吊るのは難しかったろうが、妻は家の中に漂う絶望的な雰囲気にすっかり感化されていた。結果として教授は縊死し、息絶えたことを確認してから妻は警察に電話を入れた。妻は自殺幇助罪に問われかねなかったが、結果的には起訴されなかった。週刊誌はこの事件を、癌ノイローゼが招いた悲惨な出来事として小さく報じた。

さてこのケースは本当に癌ノイローゼだったのだろうか。わたしが事件を知ったとき、これはうつ病に違いないと考えた。理由を述べよう。

まず海外留学という環境の変化。しかも研究の成果を出さねばならない。研究がスムーズにいっていればともかく、もしかすると外国人とのコミュニケーションにすら難儀していたかもしれない。研究が上手くいかなければ、そのストレスや焦りから体調不良や集中力の低下が起きても不思議ではあるまい。が、本人としてはそんなことは認めたくない。体調不良や集中力の低下が「なぜか」生じてしまったがために研究が滞ってしまったと、現実とは正反対の解釈をするだろう。

さながら陽動作戦のように、身体の不調が全ての不調の原因であると考えたがるケースは多い。心の問題と認めてしまうのは、自分の弱さを認めるように思えて受け容れ難いのかもしれない。それがエスカレートすると、癌のせいではないかと疑いたくもなるだろう。診察を受けて「異常なし」と告げられても、そうなると今の不調は努力不足や能力不足といった話になりかねない。それでは立つ瀬がなくなってしまうではないか。しかも（良心に刺さった棘のようであった）不倫に対する罪悪感に決着をつけるためにも、心のどこかでは自分が癌であったほうがよほど気が楽だといった思いがある。そこで次々にドクターショッピングを重ねることになる。自分は癌でありたいのか嫌なのか、それすら分からなくなってくる。判断力が失われてくる。

こうしたプロセスは、うつ病では珍しくない。そして冬の暗鬱な天候がいよいよ気持ちを暗くさせる。孤立した生活のありようが、なおさら現実感を失わせる。

一般的に、うつ病では朝の精神状態が最悪である。だから自殺は朝に行われる場合が多い。また確実性の高い自殺方法（縊死、飛び降り、鉄道自殺など）を選択しがちである。わたしはJRの中央線沿線に住んでいるが、しばしば人身事故で電車が止まる。ことに朝の通勤時に多い印象がある。おそらくうつ病の人が自殺した可能性が高いと思う。

最終的に、教授はもはや自分には生きている価値などないといった気持ちになっていたのではないか。心身ともに疲弊した挙げ句、癌であろうがなかろうが自分は無能でしかも罪深い人間であると思い定めてしまったのではないか。そのように認めてしまったほうが、来世において救いがあると思えたのではないか。たんなる癌ノイローゼの人が、苦しまぎれに死を選ぶケースはあまり聞いたことがない。癌ノイローゼは生への執着であり、いっぽううつ病においてはむしろ死が安息をもたらすように感じられがちのようである。

虫歯の治療で歯科医のところへ通っていた頃、頻回に受診をしてくる老婆がいるのに気がついた。彼女は歯の噛み合わせが悪いことをひどく気にしている。いくら歯科医が調整を図っても、数日経つと「やはり違和感があって」と暗い表情で受診してくるらしい。余りにも頻回なので、歯科医もうんざりしてきた。それに、あたかも歯科医の技量に問題があると文句をつけているようにも聞こえたのであろう。遂に、「うちではもう、するべきことがありません。これ以上不満をおっしゃるなら、余所の歯科に行って下さい」と苦々しげな口調で告げた。老婆は「そんなこと言われても……」と困惑していたが、歯科医はよほど腹が立ったのだろう。「いえ、うちではもう終わりです」と話を打ち切って追い返していた。会話は周囲にも筒抜けだったので、いささか気まずい空気が医院全体に流れた。

診察台にいたわたしは横目でその老婆の表情をちらりと眺めたのだが、その顔付きや噛み合わせへの固執から、老人性のうつ病の可能性もあるのではないかと思った。年寄りのうつ病では、「うつ」そのものを訴えることが少ない。老人は多かれ少なかれ身体的な不調を抱えているものだから、どうも身体の違和感といった形で症状が語られやすいようなのである。ことに歯に関する違和感は珍しくない。だからもしこのまま老婆が家に帰っても、下手をするとうつ病が悪化して自殺につながる可能性は否定できない。表面的には

「歯の具合が悪くて自殺した」という珍妙な結果になりかねない。

そうなるとわたしは治療台から降りて彼女へ「あなた、精神科で診てもらったほうがいいですよ」と言うべきなのかもしれない。だがそんなことを口にしたら彼女は、歯科の診療を断られたどころか別の男から頭がオカシイと言われた、と余計にショックを受けかねない。老婆に同伴してきた家族でもいるのなら、そちらへ身分を明かして助言することもできただろう。だが彼女は一人で来ていたのである。結局タイミングを逸し、わたしは何も言わず仕舞いであった。せめて歯科医に、うつ病の可能性を指摘しても良かった筈だが、混んでいるせいでそれも言いそびれた。

自分はどうすべきであったろうかと考えても、いまひとつベストな振る舞い方が分からない。気まずさだけが残った記憶がある。

二〇〇四年四月十七日の晩、川崎市宮前区の住宅で通称「サントリー元部長射殺事件」が起きた。前年にサントリー系列の会社を定年退職した大橋賢太郎・元部長（六〇）および妻が、家に押し入った久保高志（五一）に拳銃で射殺されたのである。

しかも犯人の久保は、殺害直後に冷静な口調で事件を一一〇番へ通報し、受話器を切らずにそのままテーブルに置き、持っていた拳銃で自らの頭を撃ち抜いて自殺した。警察は犯人が拳銃自殺する音を、電話越しに実況中継のように聞かされたわけであった。

読売新聞四月十八日付の夕刊から引用しよう。

同署のこれまでの調べによると、大橋さんは頭と胸、妻の菊子さん（55）は頭を撃たれていた。男性（引用者注・犯人の久保高志のこと。まだこの記事が綴られた時点では名前を公表されていなかった）が死亡していた居間のソファの上にはA４判の紙二枚にワープロで「警察の方々へ。私は完全にうつ病です。自分の言うこと、やることが時々わからなくなります。昔上司だった人に、自分の人生をかえられたので、その人の人生をかえます。私は無職です」と書かれたメモが置かれており、男性の上着からは世田谷区内の心療内科の診察券が見つかった。

またメモには、短銃は欧米から持ち帰ったという内容の記述があった。

サントリー広報部によると、無職男性は一九九五年十月に関連会社のアイスクリーム販売大手ハーゲンダッツジャパン（東京都目黒区）に途中入社し、新製品開発課長を務めていたが、九七年十一月、品質保証を担当する部門の部長に昇進するよう辞令を受けた。

ところが、男性は「部長にならなくてもいいから、新製品の開発部門に残りたい」と、当時の上司だった大橋さんや、同社の人事部長に訴え、当初は辞令を拒否する姿勢を見せた。

結局、男性は、大橋さんらの説得に応じて、辞令通りに部長になったが、九八年八月になって、「自分はうつ病だ」などと会社側に申し出て、依願退職していた。それまで男性が、自分がうつ病と思っていることに、会社側はまったく気づかなかったという。


すなわち犯人の久保は、被害者の元部長の、かつては部下だったのである。だが会社を辞めてから六年後に、「昔上司だった人に、自分の人生をかえられたので、その人の人生をかえます」と元部長の妻も一緒に射殺し、直後に自殺を遂げたのだった。

どうも話がおかしい。少なくとも退社する一九九八年において、久保は自分がうつ病であると主張していた。さらに二〇〇四年の犯行時点でも自分はうつ病だと遺書代わりのメモで主張し、心療内科の診察券も所持していた。そのあいだずっとうつ病だったのか、いったんは治ったが再燃したのかは分からない。それはともかく、うつ病患者が他人を（恨みによって）殺してから自殺するといったことがあり得るのだろうか。

こんな過酷な世の中で生きるほうがあなたも辛いだろうし可哀想だからといった理由から、うつ病患者が家族や恋人と無理心中を図るケースはときおりある。だが憎んでいる相手との無理心中は、理解に苦しむ。しかも憎しみの理由が、開発部門の課長から品質保証担当部長へと「昇進させられたから」というのも奇異である。お前のせいで昇進うつ病になり、その結果として人生を変えられてしまったことへの仕返しだ、ということなのか。うつ病の病前性格として、新製品開発部門という「現場」に執着するのは納得できる。久保は抹茶アイスを商品化して表彰されたりもしているのだ。新製品開発には、愛着もあったし自信もあったのだろう。昇進とはいえども、現場を離れるのに二の足を踏むのは分かる。しかしだから七年も恨み続け、挙げ句の果てに「自分の人生をかえられたので、その人の人生をかえます」と、相手の家に押し入って射殺するのには飛躍があり過ぎる。

異動昇進に対し、自分には期待に応えられそうにないと悩み、申し訳ありませんと自殺するのなら分からないでもない。だが異動昇進から七年後にいきなり元上司を射殺するのは変だろう。たとえ新商品開発への情熱を踏みにじられたと感じていたとしても、ならば元上司の妻まで射殺するのは理屈に合わない。妻は元上司を支えてきたという意味で「同罪」に値するということなのか。

久保の逆恨み、あるいは「自分の人生をかえられたので、その人の人生をかえます」といったロジックは、うつ病患者にありがちな「プライベートよりも職場を重んじたり、過剰に献身的な精神傾向」とはそぐわない。頭は良かったのかもしれないが、もともと空気が読めなかったり非常識なところが目立っていたという報道もあった。海外から帰国する際に短銃を密かに持ち帰ったという大胆な違法行為も、およそ「分をわきまえた小市民」的な性向とは程遠い。うつ状態を呈することはあっても、うつ病そのものだったとはいささか考えにくい。

彼は独身で（離婚歴あり、子どもなし）、犯行の前日には家財道具をすべてリサイクルショップに引き取ってもらっていたそうである。久保は空っぽの家で一日過ごしてから殺人および自殺に及んだ。これは几帳面で律儀な性格の表れなのだろうか。立つ鳥跡を濁さず、ということなのか。いやどこか微妙に現実離れした雰囲気が漂ってくる。むしろ強迫的と捉えるべきではないか。

うつ病になりがちな人も、強迫的な傾向を見せる場合はある。だがそれはあくまでも現状維持という文脈において発揮される。久保の強迫性からは、思い込みの暴走、独りよがりで強引な世界観といったものが透けて見えないだろうか。

どうやら久保高志には発達障害的な側面があり（そういった意味では、現場に留まったほうが彼にも組織にも望ましかった）、なおかつ激しい攻撃性や反社会性がもともと潜んでいたように思われる。当人を診察したわけではないから断言などできないが、情報から判断した限りでは、そのように考えたほうが妥当に思われる。そうしたものが異動昇進によって最悪の方向に作用してしまった。本人が書き残した「私は完全にうつ病です」という言葉を鵜呑みにしたり、心療内科の診察券に惑わされるべきではあるまい。

うつ病（単極性障害）のみならず、世の中には躁うつ病（双極性障害）というものがある。躁病のみといったケースは滅多にない。躁うつ病では、躁のあいだはハイテンションだが逆に「うつ」へ突入すると、調子に乗ってやらかした問題行動の数々に「もはや取り返しがつかないことをしでかしてしまった」と過剰に悔やみ、いわば躁への反動から自殺に走るケースが散見される。

また躁病ではないが、もともと不自然にハイテンションな人がいる。どこか無理をしていたり、過剰な陽気さに痛々しさが見え隠れするようなハイテンション加減である。立ち止まったら「いたたまれない気持」に陥ってしまう！　と恐れているかのようなトーンが伴いがちな人である。

一九七六年三月二十三日午前九時五十分（快晴）、世田谷区等々力の豪邸（和風建築）に一機の小型飛行機（パイパーＰＡ－28チェエロキー）が突っ込み大破炎上し、パイロットは即死した（同乗者はなし）。事故ではない。パイロットは旧陸軍の特攻服に七生報国の鉢巻きを締めた二十九歳の男で、「天皇陛下バンザイ！」と無線マイクに向かって叫びながらカミカゼ攻撃を図ったのだった。邸宅は南側玄関と一階応接間、二階和室が破壊され火が回ったものの、住人には死者や怪我人は出ず、しかし猛烈な黒煙が噴き上がり消防車25台が駆けつける騒ぎとなった。

この豪邸は右翼の大物でフィクサーとしても名を馳せ、田中角栄の逮捕につながる「あの」ロッキード事件にも深く関与していた児玉誉士夫の家であった。児玉本人は脳卒中で自宅療養をしていたが、運良く難を逃れている。

児玉を右翼の裏切り者、非国民と見做し、天誅を加えるべく特攻隊気取りでパイパー機（残念なことに、戦闘機ではなく遊覧飛行機であった）で突っ込み自死した男は何者だったのか。その男、前野光保が男性ポルノ俳優だったことが当時は大きな話題になった。彼の代表作は田口久美主演の日活ロマン・ポルノ『東京エマニエル夫人 個人教授』（一九七五）だろうか。芸名は前野霜一郎、同作品で前野は小型飛行機を操縦しながら田口久美と「空中ファック」を行っている。実際に前野はパイロット免許を所持しており、児玉邸へ突っ込んだパイパー機は映画会社が撮影用に借りていたものだった。それにしても空中ファックと憂国のカミカゼ攻撃では落差があり過ぎる。

前野は私鉄の駅前にある大きな布団屋の一粒種として生まれ、溺愛されて育った。欲しいものは何でも買ってもらって育ち、中学で劇団ひまわりに所属した。オートバイを手に入れ、十八歳になると早速運転免許を取り、国産のスポーツカーを買い与えられている。舞台芸術学院に籍を置き、二十歳で渡米、カリフォルニア大学の俳優課程の聴講生として三年間を過ごす。親の仕送りに頼っての日々であった。『週刊朝日』昭和五十一年（一九七六）四月九日号の記事から引用すると、

近所の商店主が「甘過ぎるとためにならない」と冗談まじりに忠告すると「あれは大俳優となるための勉強期間、親が子の勉強の面倒を見るのは当たり前だ」と答

え、「最近、英語はブリタニカの百科事典を読み終えたから、今度は仏語と独語、それに中国語をはじめた」と1時間以上も息子自慢が続く。

こんな調子では、自己肯定感があり過ぎる人物に育ってしまうだろう。帰国後、前野は米国で知り合った女性と結婚したが、トルコ風呂（ソープランドの旧名）で彼女を働かせた挙げ句、一年半で離婚した。その後、麻布の「クラブ東京」ではホストをしていた時期があり、イケメンとは程遠いもののなかなか人気があったらしい。そうこうするうちに、東映や日活でポルノ男優として活動を始める。アメリカでの俳優修業がどれくらい役に立ったのだろうか。

一九七三年になると、パイロットの免許を取得しようと岡山の航空訓練所に入る。ここは軍隊式の生活を通してみっちりと訓練を行う機関だったが、意外にも前野は音を上げなかった。それどころか右翼的なものに目覚めたのである。その流れで、三島由紀夫へ心酔するようになった。

三島は「盾の会」で陸軍に準じた組織を作り上げ、自己愛で塗り固めたような制服（ドゴールの軍服を作ったポール・ボークレーおよびピエール・カルダンに師事した五十嵐九十九のデザイン。彼はグループサウンズのスパイダースやテンプターズのミリタリールックの衣装もデザインしている）を誂えた。前野も「盾の会」に似た組織を、ただし制服は山本五十六ふうの海軍式にして作りたいと考えた。ただしかなりの資金が必要となる。そこで児玉誉士夫の伝記映画を作成し、児玉自身にスポンサーになってもらうことで資金捻出を図ろうとした。児玉に会ってもらい、映画制作の直談判を試みるが、「お前は面白い男だ」といわれはしたものの実現には至らなかった。しかし面識を得られたと前野は有頂天だったらしい。それがロッキード事件で裏切られた気持に変わり、飛行機による自宅突撃に至ったわけである。

とにかく前野はすぐに無我夢中となりがちで、ついでに虚言癖もあった。俄愛国者となった彼は、靖国神社へ参拝に通ったり、NHKテレビが番組終了のときに君が代とともに日の丸を映し出すと、立ち上がって敬礼をしたという。三島由紀夫と一緒にボディービルをやって声を掛けられたとか、アメリカに居たときには「ジョン・ウェインの家に厄介になっていた」などと吹聴する（実際にはジョン・ウェインの事務所で働いていた青年と知り合っただけ）。哲学や宗教に入れ込んだと思うと、ネズミ講に夢中になるなど、とにかく落ち着きがなく騒がしかった。

児玉邸へ突っ込む一ヶ月前には、前野は自殺を図っている。湯沢の一本杉スキー場のホテルの裏で、昏睡状態で倒れているのを発見されたのだ。便箋十枚に渡る遺書を書き記しており、「これまで自分はすべてのものを得ようとしたが、真実自分の求めるものは結果として何も得られることはなかった。ああ、できることなら石になりたい。木になりたい。こういう手段を取らざるを得ないが、これは死を選んだことではない。自分はすでに死をも超越しているのだ」などと自己陶酔に満ちたもので、「うつ」による自殺とは趣が違う。どこまで本気で死ぬつもりであったのかも怪しい。地元署で事情聴取をされた際にも「演劇人として死を目前にした時の心境を味わってみたかった」「自分でシナリオを書くために、どうしても目前の死を体験する必要があった」などと、一種の高揚状態に近かった気配がある。

こうして一ヶ月後、日活の衣装部から借りた特攻服を着て、「天皇陛下バンザイ!」と叫びつつ彼は自爆行為によって命を失った。これを自殺の範疇に含めるべきかどうかは悩ましいところだが、躁状態の果ての自死ということにはなるだろう。

精神疾患のうちでは、個人的には統合失調症のほうが唐突で不可解な自殺が多いといった印象がある。幻覚や妄想によって自殺というのは分からないでもない。幻聴に「命令されて」頭から灯油を被って焼身自殺を図るとか、凄惨なケースも少なくない。

彼らは薬物治療によって幻覚や妄想が収まると落ち着きを取り戻し、しかし気力が減退したり軽いうつ状態が持続したり、あるいはどこか人付き合いがスムーズにいかなくなり、なかなか社会復帰ができなくなる場合がしばしばある。虚無感を抱え込み、思考には飛躍や唐突さが目立ち、結果的に世間に上手く溶け込めなくなる。そんな状態において、いきなり自殺してしまう場合が散見される。やはり途方もない虚無感といった要因が大きい気がするが（第六章、一五三頁のケースを参照されたい）、思考の奇妙さ（連合弛緩）が関与する場合も多い。

ここでは「病気の母絞殺／飢餓心中図った娘」という事件を参考までに紹介しておく。読売新聞一九八三年十月二日付朝刊の記事である。

一日午後二時三十分ごろ、東京都●●●、無職●●イチさん（七四）の長女A子（三○）から、「同居中の母親を殺した」と一一○番通報があった。蒲田署員が駆けつけたところ、布団の中でイチさんが首を絞められて死んでおり、同署はそばにいたA

子を尊属殺人の現行犯で逮捕した。

調べによると、A子は同零時四十分ごろ、布団の中でイチさんの首に、イチさんの浴衣の帯を巻いて絞め殺したもので、イチさんは高血圧などで今年一月から寝たきりとなり、一人娘のA子が看病していた。

A子の自供によると、イチさんは回復の見込みがまったくないため母娘心中を思いたち、餓死しようと二日前から二人とも何も食べずに部屋の中にいた。しかし、犯行直前、ふだんから二人の世話をしている近くの民生委員が訪れ、部屋のドアをノックしたため、なかなか死にきれないと思い、「すぐに死んだほうがいいね」とイチさんに言ったところ、うなずいたので殺したという。二人は生活保護を受けていた。A子は精神分裂病（引用者注・統合失調症の旧名）で通院中だった。

当時は介護保険もないし、ヘルパーや訪問介護、訪問診察も期待はできなかった。A子は通院をしていたし、民生委員や福祉の担当者も関わっていたにせよ、普段は孤立に近い暮らしぶりだったのだろう。介護が大変だったであろうことは想像に難くない。しかも母には回復の見込みもない。気分的に追い込まれ、心中をしたくなるのも分からなくはない。

だがそこで餓死を選ぶのはいささか奇異に映る。しかもノックの音を聞いて、餓死に至るまでにはきっと邪魔が入ると気が付いたのだろう。そこで急遽母を絞殺した。その時点でA子はやっと自分自身を取り戻したのであろうか。だから一一〇番通報をしたのか。殺害から通報までの一時間五十分間、母のあとを追うべきかと悩んでいたのか。

どうも全体的に不自然なトーンを拭えない。ことに餓死で心中をしようとするあたりは、現実感を欠いている。ピントがずれていないか。母へ「すぐに死んだほうがいいね」と打診するあたりも、性急過ぎないか。こうしたどこか世間常識とは不調和な思考がときおり統合失調症の人には見受けられ、そこが裏目に出ると今回のような事件が出来したり、あるいは動機や方法が不可解な自殺につながったりする。二人にもっと手厚いアプローチが普段からなされていれば起きなかった事件かもしれないけれど、実際には難しい。

いわゆる精神病レベルまでには達さない精神の不調であっても、それが自殺の実行に大きく関与する場合はいくらでもある。

たとえショックな出来事が決定的な要因に見えようとも、実はその前提として持続的な不安や焦燥があったと思われるケース（すなわち、自殺に向けての長い助走が秘められていたケース）は枚挙に暇がない。二〇〇三年二月二十六日付の朝日新聞・夕刊に載っていた記事を見てみよう。

フランス料理界を代表するシェフとして知られるベルナール・ロワゾー氏（五二）が二十四日午後、仏中部ブルゴーニュ地方の村ソーリューの自宅で死亡した。捜査当局は猟銃による自殺と見ている。ソーリューで同氏が経営するミシュラン・ガイドの三ツ星レストラン「ラ・コートドール」は最近、ミシュランと並ぶガイド「ゴー・ミヨー」で評価を落とされ、これが原因では、との憶測が浮上している。

バターやクリームを抑えて素材の持ち味を生かす独特の調理法を開発して「水の料理人」の異名を得た。「ラ・コートドール」は九一年にミシュランで三ツ星を獲得、同じレストランが出す朝食は、仏高級ホテルチェーンから「世界一の朝食」との称号を与えられた。一時は神戸にも支店を出し、日本でもファンが多い。

二十点評価のゴー・ミヨーでも最高レベルの十九点を維持していたが、〇三年版同ガイドでは十七点に格下げされた。

同氏と並ぶ著名なシェフのポール・ボキューズ氏は「前日彼と話したが少し落ち

込んでいた。ゴー・ミヨーが殺したようなものだ」と非難した。

たしかにゴー・ミヨーの格下げは強いショックであったろう。だがその前に、十年以上も最高レベルの評価を維持している間、いつか格下げの時が来るのではないかと戦々恐々とする日々が続いていたのかもしれない。最高レベルということは、少しでも気を抜けば転落が待ち構えていることになる。これはなかなかキツい事態だろう。プライドが高ければ高い程、不安は強くなる。名声が上がれば上がる程、格下げの恐怖は高まっていく。それが十年も続けば、さすがに精神が危うくなる場合もあるのかもしれない。格下げを恐れると同時に、いっそ格下げをさっさとされたほうが気が楽になると思ったり、そんな考えをあわてて打ち消したりと、心の中は嵐だった可能性はある。もちろんそんなことは誰にも告白できない。

そして遂に格下げの日が来たとき、やっと区切りがついた、もうこれ以上苦しみたくないと自殺に及んだ可能性は高そうだ。絶望としての自殺というよりは、安息としての自殺という次第である。彼はようやく不安から解放されたのかもしれない。

そのいっぽう、二〇〇三年九月一日付、毎日新聞夕刊の記事はどうであろう。

31日午後1時15分ごろ、東京都●●、都営アパート11階の●●聖子さん（38）方の窓から、●●さんの長男で保育園児の聖太ちゃん（5）が転落し、全身を強く打って間もなく死亡した。その約3時間40分後、同じ窓から●●さんが飛び降り、死亡した。聖太ちゃんは、●●さんが昼寝をしている間に窓から転落したとみられ、警視庁深川署は聖太ちゃんの事故死を悲観して自殺したとみている。

調べでは、●●さんと聖太ちゃんは4畳半の部屋で昼寝をしていたが、起き出した聖太ちゃんが隣の6畳間で遊んでいるうちに、転落防止のフェンス（高さ75センチ）を乗り越えて転落したらしい。

事故直後の事情聴取に●●さんは「窓には近づかないように日ごろから注意を払っていたし、言い聞かせていたのに」と落ち込んだ様子だったという。遺書はなかった。●●さんと聖太ちゃんは2人暮らしだった。

こちらは助走なしの、まさに不意打ちに相当するショックであっただろう。しかも自分が昼寝をしていた間に、すぐ近くから息子が転落したわけである。後悔や罪悪感も大変なものであったろうし、母子家庭で一人息子を失うという事態がもたらす心痛は耐え難かったに違いない。何が起きたかを反芻し、これからの人生を考える三時間四十分は、もうこれ以上自分が生きている意味はないという結論をもたらしたわけである。

三ツ星レストランのシェフの場合も、窓から落ちた息子の母の場合も、精神的ショックを受けて間髪を置かずに(反射的に)自殺したわけではない。死へのアクションを起こす前に、空白の時間がある。その時間内に、煩悶しつつあれこれ思考を巡らせその挙げ句に最終的な結論を導き出した。しかしそのときの精神の働きはバランスを欠いたものであったろう。精神的視野狭窄状態にあった筈で、そうした状態においてはドラマチックで極端な選択肢しか目に入らない。それは悪魔が仕掛けた罠としか思えない。

自殺において大きな役割を果たす要素のひとつは、精神的視野狭窄状態であろうと考えられる。

既に第八章一九五頁で解説をしたが、ここであらためて精神的視野狭窄について説明しておこう。わたしたちはメンタルが追い詰められると、余裕を失う。普段のわたしたちは、自分の周囲三百六十度で生じたあらゆる事象に対応するように調整されている。が、余裕を失うと、もはや全方位について対応なんかしていられない。そこで精神的視野を絞り、目の前に迫っているごく狭く手近な事態について素早く対応するべくモードを切り替える。そのほうが能率的だからだ。これがすなわち精神的視野狭窄である。

だが同時に弊害が生じる。広く深く考え判断する姿勢を捨て去る、という弊害だ。冷静さやバランスも失うだろう。目先のこと、表面的なことの対応のみに終始する精神のありようは、しばしば短慮で浅はかな言動に通じかねない。死ぬしかない、といった「どぎつい」結論にあっさり達してしまう危険も孕んでしまうということになるわけである。

駅のホームに電車が入ってくるのを目にするとき、鉄道自殺をする人はよくもまあこんな威圧的で恐ろしげな鉄のカタマリの前に身を投げ出せるものだなあと驚異を感じることがある。あるいは断崖絶壁の上から遥か下を眺めつつ、ここから飛び降りる度胸は自殺者のどこから湧き出てくるのだろうと不思議な気持になる。

しかし驚異を感じたり不思議な気持になるほうが間違っている。本気の自殺志願者は、おおむね解離状態にあると予想されるからだ。

解離においては感覚が麻痺したり意識の一部が脱落ないし変容する。あるいは現実感が失われたり（離人感）、極端になると過去が失われたり（記憶喪失）、自己同一性が失われたり（多重人格）する。通常であれば生ずるであろう恐怖や躊躇、理性や常識に基づいた判断などは消し飛んでしまう。ある意味で、自殺志願者はゾンビのような状態になって自殺というミッションを着々と遂行する。

痛いだろうとか怖い、自分の死骸はさぞや無残だろう等のイメージは頭の中から払拭されている。それゆえに、一番手っ取り早いとか確実であるとか、他にも同じ場所・同じ方法でちゃんと自殺を遂げた者がいる――そうした身も蓋もない理由だけで自殺志願者は自殺の手段や場所を選ぶ。自殺の名所とは、たんに精神的視野狭窄状態や解離状態にあっても思いつくほど有名な場所ということである。

精神的視野狭窄と解離とは、かなり近い概念だと思われる。自殺の実行に際しては、精神的視野狭窄と解離とが組み合わさって行為を容易にすると思われる。

ここでわたし自身の話を少し書き添えておく。子ども時代はおろか思春期に至っても、当方はしばしば離人感を覚えていた（今でも、たまにある）。ことさら生活に支障は生じなかったし、むしろ微妙にシュールな体験として愉しんでいた部分さえある。

さて小学校高学年のことである。生暖かい春の晩であった。父はまだ帰宅していない。

夕食が済んだのかまだだったのかは覚えていない。わたしはリビングの床に体育座りをしていた。壁と斜めに向き合い、なぜか手には鋏を持っていた。すぐ横では母が椅子に腰掛け、延々と当方の背中に向けて喋っている。彼女は一人息子であるわたしを相手に、日常で感じる不満だとか理不尽な気持を語りたがる癖があった。そんなものを聞かされるのは嫌で仕方がなかったけれど、断るのは息子として許されない行為だと信じていた。内心では「どうでもいいじゃないか、そんなこと」とか「僕に言ってもどうにもならないよ」「同じことばかりぐだぐだと、うんざりだな」と思いつつ、とりあえず母に付き合っていたのである。

聞き流しているだけにせよ、苦痛なのだ。しかも話が長い。我慢しているうちに、意識が散漫になってくる。ふと床の近くにあるコンセントの差し込み口に関心が向いた。二つ平行に並んだ縦長のスリットが、妙に気になる。どう気になるのかと問われても困るのだが、とにかくこんなものが目の前にあるのをスルーするわけにはいかないといった気分になった。そして、右手に鋏を握っていることに今さらながら気がついた。母親の退屈な話を背中で受けつつ、何かアクションを起こさずにはいられない衝動が湧いてきた。

次の瞬間、わたしは一センチ少々刃を開いた鋏を、そのまま真っ直ぐにコンセントへ突っ込んでいた。左右のスリットに、開いた鋏の先端をそれぞれ強引に押し込んでいた。青白い火花が激しく散り、「ぶしゅっ」と湿ったような音がコンセントの奥から聞こえた。驚愕したわたしは鋏を手にしたまま仰《の》け反《ぞ》った。ヒューズが切れ、電灯が消えた。部屋の中が真っ暗になる。母は話を中断し、「何したのよ！」と怒鳴りながら立ち上がり、わたしが我に返った時点では既にヒューズを取り替えていた（当時はブレーカーなんかなかった）。再び電灯が点き、当方が手に握ったままの鋏が鋭く光った。

母がわたしの右手首を摑んだ。持ち上げられた右手が握っていた鋏の先端は僅かながら溶けていた。それを目にして、自分ながらに驚いた。よく感電しなかったものだ。金属が溶けるくらいだし、飛び散った火花も非日常そのものだった。死んでいてもおかしくなかったのではないか。

まあこれだけのエピソードなのであるが、伝導体として鋏の抵抗値がきわめて低かったために、幸運にも電気はわたしの身体を通り抜けなかったのだろう。それはそれとして、なぜ当方はこんな馬鹿げたことをしでかしたのか。やはり微妙に解離モードに入っていたのではないか。延々と続く母の愚痴は、催眠術にも似た効果をもたらしていたかもしれない。子どもなりの苛立ちや屈託が、鋏の先端やコンセントの差し込み口と出会うことで衝動的な愚行に結実したのか。

この出来事がわたしにもたらした教訓は何もなかった。けれども、今にしてみれば、不意に自殺してしまう人たちと自分との間にさほど大きな隔たりなどないような気が、しないでもないのである。

第十二章

漆黒のコアラ

自殺の七つの型と称して第五章から第十一章まで述べてみたが、もちろんそれだけであらゆる自殺のありようをカバーできるわけではない。

たとえば自殺者の頻発する家系というものにときおり出会う。何か家風というか一族の考え方や価値観に死と密接につながる要素があるのではないかと想像したくなる。それこそ自死という振る舞いの英才教育みたいなものが無意識のうちに行われているのではないか、などと無責任な立場の者としては疑いたくなるのである。だがそうした痕跡は見つけ出せない。元アイドルで俳優の沖田浩之は一九九三年三月二十七日に自宅で縊死しているけれど（享年三十六）、実兄は三年後の四月二十日に自殺、さらに父および祖父も自死している。うつ病の生じがちな家系は稀ではないものの、沖田家はそうではないらしい。他に有名なところでは作家の三浦哲郎（一九三一～二〇一〇。当人は天寿を全うしている）で、長兄は失踪、次兄は事業に失敗し失踪、長姉は服毒自殺、二姉は投身自殺と聞かされると、薄ら寒いものを背中に感じずにはいられない。

二〇一〇年十一月九日には、仙台市青葉区の男性が首を吊って自殺し、しかもその様子を自ら動画配信（Ustream）で実況中継したという事件があった。たんにこの世に別れを告げるだけでは満足がいかなかったのか。自分の死に際を公開する意味はどこにあったのか。どうにも理解が及ばない。一九七三年四月十五日には、千葉県鋸南町在住の高校一年生の男子が「霊魂の存在を確かめる」ために鋸山から飛び降り自殺をした。ご丁寧にも、その旨を記した遺書を朝日新聞に送っている。これは〈精神疾患ないしは異常な精神状態による自殺〉に分類されても良さそうだが、シリアスさにいまひとつ欠けないか。こんなことで人は簡単に命を捨てたりするものなのか。

ドキュメンタリー映画を観た。もう何年くらい前のことだろうか。投身自殺で有名な断崖の近くで自死に踏み切りそうな人を見つけ出しては説得する牧師の話であった。死を思いとどまらせたら、とりあえず自分の家（教会も兼ねている）へ連れて行く。そこでゆっくりと静養させる。町で弁当を作って配達する店を営んでいるので、昼間はそちらで働かせて社会復帰の足掛かりとさせる。店には似た境遇の同僚がいる。もちろん牧師として人生の悩みにも応じる。まことに献身的な活動であり、そこでしばらく働くうちに生きる意欲を取り戻した青年がいた。彼は故郷に戻り、牧師はほっと一息つく。

そこで映画は終わる筈だったのである。ハッピーエンドに近い形で。だが数年して、青年は故郷で自殺をしたとの知らせを牧師は受ける。牧師の複雑な表情。そうした顚末は、いったん完成した映画に付け足す形で公開されたのだった。

もしかすると自殺体質とでも呼ぶべきものがあるのではないのか。通常だったら耐えられる程度のストレスでもすぐに死の誘惑に惹かれてしまう。周囲の支援や胸襟を開いた姿勢があってもなお、死と抱擁したくなってしまうような体質が。

そう、自殺体質というか自殺親和性の心の持ち主とは、わたしも過去に何名も出会っている。全員が亡くなっている。

Wは四十代の独身男性で、背が低く小太りで頭髪が薄い。わたしの感想としてはいっそスキンヘッドにしてしまったほうがいいのにと思わずにはいられないが、いつも彼はおずおずとした表情を浮かべている。頭を完全に剃り上げてしまうと、困惑した様子の僧侶みたいになってしまい、結果として周囲の人たちが落ち着かない気分にさせられてしまうのを用心しているのかもしれない。

彼はどんな訴えで受診してきたのか。その訴えはなかなか突飛であった。

「気がつくと、身体のあちこちに切り傷ができているんです。血だらけになっている日もありました。銭湯やプールなんかには、とてもじゃないけど行けないくらいの傷です」

そう言いながら、Wは橙色のTシャツをまくり上げてみせる。なるほど上半身には新旧の切創がタテ・ヨコ・ナナメに走っている。考えようによっては、プレイ好きなうえに本気度のきわめて高いマゾヒストみたいに見える。

「それ、誰かに切りつけられたのではなく、自分でやったということですか」

「記憶にはまったくありませんが、一人暮らしですし、自分でやったのは間違いないです。左腕の上のほうや、胸も左寄りに傷が集中しています。わたしは右利きだからそうなるんでしょうね。背中には傷がありませんし」

「大分前からですか」

「半年近く前からです。最初の頃の傷は、スマホで自撮りしてあります」

Wがスマホの画面を示してみせる。なるほど、ナイフを握って錯乱した男に襲われたかのような惨状だ。自分の肉体が（自分の知らないうちに）こんな状態に陥っているのに気づいたら、うろたえずにはいられないだろう。

「ふつう、自分でやったとはなかなか信じられないですよね。でもそうなると、何者かがわたしのアパートに侵入して狼藉を働いたことになる。無視をされるのは日常茶飯事ですが、恨みを買うほどディープな人付き合いなんかしないわたしです。だから、どうしても自作自演と結論せざるを得ない。気味が悪いです、自分自身が」

「自宅から刃物をすべて撤去してみたことはありますか」

「もちろん。しかしコップを割って、その破片で傷つけていましたね」

「あなたの分身、気合いが入っていますね」


Wは同胞三名が全員男で、その第二子である。親は自動車部品の小さな工場を経営していた。性格について尋ねると、「思い込みが強く、他人に誤解されやすい。頑固だが小心。友人は少なく、異性には相手にされない」といった意味のことを語ったので、こちらのほうが痛々しい気分になった。工業高校を卒業するまでは、落ちこぼれであった。不良にすらなれないタイプの落ちこぼれである。だがいくつかの職を経て現在の会社（製造関係の中小企業）に勤めてからは発憤し、同僚や上司からそれなりに認めてもらえるようになった。喫煙はせず、アルコールはたまにビールを飲む程度なので、他人と「つるんで」騒ぐようなことはない。音痴だからカラオケも行かない。ゲームもあまりのめり込めない。変人と思われかねないので秘密にしているけれど、実は広告として配られたスポンサー名入りのボールペンをコレクションするのが趣味だという。早速、わたしから製薬会社や薬品名の印刷されたボールペンを何本か進呈させてもらった。本当は既に消滅してしまった会社のもののほうが嬉しかったようだが。

会社では仕事に忙殺されるうちに、ときおり「記憶が飛ぶ」ようになった。それは周囲に対して誤魔化せるレベルであったものの、気が沈んだり眠れないといった症状も伴うようになった。これでは満足のいく仕事ができないではないか。意を決して近所のクリニックへ行ったら、記憶が飛ぶ件はスルーされ、うつ病でしょうと抗うつ薬を中心とした処方がなされ、実際に諸症状も軽減、およそ一年ばかり通院して治療終結となった。それから五年後、驚いたことに上司から管理職への昇進を打診された。通常であれば喜ぶべき話である。評価され信用されている証左だろう。給料も増える。だがWは、今の自分は能力の限度に達していると感じていたため昇進を辞退せざるを得なかった。それが会社に対する誠実な態度であると信じると同時に、無念な思いも感じずにはいられなかった。

おそらく昇進辞退のエピソードが契機となったのだろう。以前のように記憶が飛ぶことが散見されるようになった。しかもそれに自傷行為が伴うようになった。朝起きたら、自分の身体が刃物で傷だらけになっていたという現象である。今回は不眠や抑うつ気分はあまり生じなかった。だが（無意識のうちに行われる）自傷行為はエスカレートしつつある。それに何といっても日を経るに従って我が身に傷が増えていくという事態は「気味が悪い」。犯人は自身であると分かっているので、なおさら異様だ。そこで今回はクリニックよりも規模の大きな精神科病院を受診することにしたという。

そこでわたしが外来担当となった。冴えない表情のまま、彼は症状について淡々と語る。幻覚や妄想は窺えない。自殺願望もない。おそらく多くの精神科医は解離性障害と考えるだろう。解離性障害には健忘、多重人格、遁走（フーグ）、昏迷、憑依現象、トランス、軽い状態としては離人症などが挙げられる。Wは当初は健忘のみが症状であったが、今では二重人格と見なして良いのではないか。勝手に副人格（つまり分身）が身体を傷つけまくっている。

診断はついても、解離の治療は難しい。薬を服用させれば治るといった具合にはいかない。精神療法を中心にかなり濃厚な対応が必要であり、大学病院へ紹介状を書こうかと思ったが彼はああいった場所でモルモット扱いされたくない、などと難色を示す。わたしも困ってしまい、カウンセリング的アプローチは（可能な範囲で精一杯に）するが薬も少々飲んでもらうことにした。薬効としては気分安定薬に分類されるリボトリールやデパケンといった薬剤である。デパケンには攻撃性を抑える効果もあるので、自傷行為にはいくらか意味があるだろう。

嬉しいことに、症状はいくらか軽くなってきた。それは薬が効いたからなのか、心のわだかまりを言語化したからなのか。さもなければ秘密の趣味（スポンサー名入りのボールペン蒐集）を告白したら馬鹿にしたりはせず逆にコレクションに協力してくれるような医師と出会えたからなのか。実際のところは判然としない。

しかし事態はそう簡単には収束しなかった。自傷行為が目立たなくなった代わりに、副人格は攻撃の手段を切り替えていたようなのだ。ある晩、ふとWは息苦しくなって目が覚めた。いつもの癖で、切り傷で血だらけになっていないかを確かめてみるがそちらは何でもない。それよりも空気そのものがおかしい。やがて室内に都市ガスが充満していることに気がついた。結論から申せば、副人格がガス栓を開いてWを殺そうとしていた。それは結果として窒息の形をとるか、爆発事故の形をとるのかは分からないが、明らかに殺意がある。これには彼もかなり動揺したし、わたしも考え込んでしまった。今すぐに入院させて身の安全を優先させるべきと考える人がいるだろう。いっぽう、副人格に本当に殺意があるのなら、とっくに頸動脈でも掻き切っている筈だ、火事を起こしていても不自然ではあるまい。夢遊病の状態で投身自殺をさせることだって可能だろう。副人格の振る舞いへ過剰に反応するのは余計に「分身」を増長させるだけだと考える人もいるだろう。W自身は入院を嫌がっている。

こうなると、もはやホラーである。次に副人格がどんなことをするのか予想がつかない。まったく油断がならない。昇進辞退がどうしたといったエピソードから始まったストーリーが、もはや悪鬼との闘いみたいなことになっている。

わたしとしても、不安と当惑とで胃が痛くなっていた。Wはそれどころではあるまい。ガス中毒作戦の次はどうなるかと思っていたら、急に幼稚なトーンになってきた。彼が目を覚ますと、枕の両側に包丁が一本ずつ丁寧に置かれていた。わざとらしい。この程度ではもはやインパクトに欠ける。別な日には、頭がちょうど入る大きさの輪を作ったビニール紐がテーブルに置かれていた。縊死せよということなのか。不吉というよりは稚拙な印象である。作業着のポケットに剝き出しの画鋲がびっしりと何十個も押し込まれていたこともあった。丼に牛乳がなみなみと満たされていたことがあり、毒物でも混ぜられているのだろうかと疑いながら流しに捨てたら、牛乳の底に金魚の死骸が沈んでいたこともあった。こうなると、もはや何を意味しているのか分からない。悪意や殺意よりは、座敷童が悪戯を重ねているような案配になってきたのである。

おかしな話だが、副人格だか分身だかはWと仲直りを図っているかのように映った。少なくとも、これ以上シリアスな脅威を与える気はない。いや、飽きたのだ、と言外に伝えているような気配にある。W本人も似たようなことを感じ取っていたようである。茶番めいた異変は起きようとも、もはや無視して日々を過ごしたほうが賢明かもしれない。こうして副人格の暗躍は実際にフェードアウトしていった。通院頻度も減り、しばらく休職して兄（既婚、他県で飲食業を営みWとの関係性が良い）のところへ身を寄せるという方向を最後に治療はいったん終結となった。

季節がもう少しで一巡する程度の時間が過ぎ去った。Wのことは、思い起こすこともなくなっていた。もっと目の前に大変な患者が数多く控えていたからである。そんなある日、Wの兄から直接電話を受けた。彼は、わたしが弟の主治医であることを本人から聞かされていたらしい。兄は存外に落ち着いた声で、Wが亡くなったと告げた。前日の日没後に、兄の店舗に近い一級河川へ入水自殺を遂げたという。遺書はなかったし、精神状態に異変を感じたりもしなかった。お世話になっていたのは存じていましたので、お礼を兼ねてご報告させていただきます。そのように手短に語って電話は切れた。

意外というよりは、「やはり」と思った。兄もそう思ったのではないか。副人格の暗躍がフェードアウトしてそのまま全てが丸く収まるとは、やはり考えにくい。何がどうなったのかは分からないものの、これがもっとも自然な結末であるような気もする。

Wは「やはり」という、ある種の苦い納得感を周囲に覚えさせて人生を終えた。そして彼の部屋を黙々と片付ける兄は、Wが遺した膨大なスポンサー名入りボールペン・コレクションを見つけて面喰らうだろう（その中の数本が実は主治医に貰ったなどとは想像もできまいし、なぜこんな価値のないものを蒐集したかも理解できまい。もちろんわたしにもコレクションの意味は分からないのだが）。Wは「やはり」と「ささやかな驚き」、この二つの感情を以て残された人たちの内面を微妙に揺さぶって去って行った。これら二つの配合の妙にこそ、わたしはWらしさを感じるし、切ないほどの親しみを覚えるのである。

こうして今ここにWを思い起こしてみるに、彼には自殺体質ないしは自殺親和性の精神といったものが宿っていたのではないか。W自身、それをうっすらと自覚し、彼なりに抗っていた。その結果が分身との対立といった不可思議なエピソードを惹起し、いったんは収束したかに見えたが結局は自殺へと駆り立てられてしまった。そんな運命論に近いことを想像せずにはいられなかったのである。

　自殺体質というか自殺親和性の精神は比較的珍しいが確実に存在し、それはお菓子の「コアラのマーチ」にレアで混ざっている「盲腸コアラ（盲腸の手術跡があるコアラ。残念にも、わたしは実物を目にしたことがない）」みたいなものではあるまいか。いや、縁起の悪そうな「漆黒のコアラ」とでも呼ぶべきか。不幸にも漆黒のコアラを（おそらく生まれたと同時に）引き当てた人物は、その事実を知らない。でもある時、自分には自殺に対して驚くばかりに抵抗感がないことを知る。それどころか、死を本気で望んでいたりもする。まっすぐに歩こうとしても、意識していなければいつの間にか歩道を外れて車道の真ん中を歩いている――そんな具合に危険な領域に踏み込みがちな自分に気付くのではないか。もしかすると、気付く前に自らの命を絶ってしまっているかもしれない。残された人たちは、自殺に見合うような理由を見つけ出せずに当惑するばかりだ。まさか漆黒のコアラが原因だなどと言い出す者などいるものか。

　漆黒のコアラというネーミングに、不謹慎だと眉を顰める人もいるだろう。しかし名称はともかく、そうした存在を漠然と考える人は少なくないのではなかろうか。第六章一五八頁で、苗村育郎が提唱した「絶望親和型」ないしは「自殺親和型」とでも呼ぶべき性格類型について触れた。それは漆黒のコアラに近いだろう。仮にそのような胡乱なものの実在を信じるとしたら、わたしが臨床の場で出会った自殺既遂者たちの半分近くはそれに該当している気がするのである。

とりあえず漆黒のコアラといったものがあることを認めるとして、するとなぜそんなものがあるのかという疑問が生じる。自然の摂理として人間という種の個体数を減らす作用をもたらす要素は、排除されて当然ではないのか。

妄想レベルの意見を申せば、ときにヒトはさしたる理由もなく自らの命を絶つという現実を人類に突きつけることに、意味があるのではないのか。人間は自己崩壊しかねない危うさを内包している。そのような自覚を促すためとは考えられないか。まさにメメント・モリである。人類は知恵と器用さ、さらには火を扱える能力によって発展してきた。いや、発展し過ぎているのかもしれない。欲望を満足させるために、どこまで増長するのか分かったものではない。他の生物や環境との協調など、考えもしない。が、ヒトそのものの内面に危うさや不安定さが潜在していると気づいたとき、そこで内省や「哲学のようなもの」「思想のようなもの」「芸術のようなもの」の萌芽が生じてくるのではないか。少なくとも、内面をおろそかにできないことを知るのではないか。そのことは、上手くいけば謙虚さを育むことすら可能にしてくれるかもしれない。
　わたしは漆黒のコアラがもたらすそれこそ黒々とした禍々しさに対して、せいぜいそんな解釈をして心を鎮めることしかできないのである。そして第一章で語った青年――遠い地で地下鉄に飛び込んで自殺した隆太も、漆黒のコアラを引き当てていたのではないか。いや、そんなふうに推測しなければ、当方の気持ちが収まらない。勝手な言い草ではあるが。そうなると失踪直前の隆太の顔に表れた「蠕動する胃粘膜のような、うねうねした隆起」は、すなわち彼の中で目覚めた漆黒のコアラが皮膚の下でもぞもぞと蠢き盛り上がった結果なのだろうか。そんな生々しくもグロテスクなことすら妄想してしまう自分を不真面目と思うと同時に、やはりそれはわたしなりの切実な感情であるとも言いたくなるのである。

了

おわりに

少しばかり個人的なことを書かせていただく。

この本のゲラに手を入れている時期に、わたしは（自身にとっては）重大な決断に踏み切った。二年後に臨床医を辞めるという決断である（いろいろと後始末があるので、すぐには辞められない）。

少なくとも一時期は、自分にとって精神科医はまさに天職だと信じていた。アイデンティティーそのものであった。にもかかわらず、あっさりと離脱することにした。世間には、九十歳代でもなお精神科医として活躍している人もいるのに。

辞める契機となるような決定的エピソードがあったわけではない。治療において悔やんでも悔やみきれないミスを犯したとか、医師として恥ずべき行いをしたとか、病を得たとか、訴訟沙汰に巻き込まれたとか、そんなこともない（医師としての技量に限界を感じ始めたということはあるかもしれない）。あえて申せば、昨今の精神医学のありようそのものが嫌になった。製薬会社の手先と成り果て、脳の検査に明け暮れ、あるいは生化学や遺伝子などの研究に我を忘れ、目の前の患者よりもマニュアルやエビデンスを重視し、いっぽうそうした理科系そのものの冷たい振る舞いの反動として浪花節めいた、あるいは猫撫で声の安っぽいヒューマニズムを振りかざすような業界に「うんざり」したのである。

新聞の人生相談を読んでいたら、過去の辛い思い出をどうしても忘れることができないという悩みが載っていた。ある高名な精神科医が回答していたのだが、常識的なことをだらだら書き連ね、挙げ句の果てには運動でもして気持を切り替えてみましょうなどと言っている。そんなことではどうにもならないから質問を寄せているのだろうに、おざなりな言葉で誤魔化すなよ。適切な答が浮かばないのなら、正直にそれを告白すればよいではないか。こんな鈍感な医者が学会で要職にあるのかと思ったら脱力した。そんなことも間接的な原因のひとつではあるかもしれない。いずれにせよ、精神医学がここまでチープなものであったのかと気分が悪くなった。未練などたちまち消え失せてしまった。

妻に気持を打ち明け、辞める決心をした。断腸の思いなんてものではなく、ああやっと自分に正直になれたと感じた。

いったん決心がつくと、急に心が軽くなった。自宅から勤務先の病院までは結構遠い。運転免許なんか持っていないので電車で通うわけだが、満員電車は御免被りたい。だから朝四時三十五分発の始発電車に乗り、さすがに病院に着いても早すぎるのでさっさとデスクワークを済ませてしまう。そんな不自然な生活とも縁が切れると思うだけで嬉しい。専門医の資格をキープするために形ばかりの研修会へ参加してポイントを稼ぐ虚しさもなくなる。清々する。いや、そんなことよりも、迷いを乗り越えて決断に至ったことで内面に変化がもたらされたのを実感するのである。

まず、目に映るあらゆる光景の解像度が上がったかのように感じられる。見慣れているどころか飽き飽きしていた筈の風景が、ひどく細密に、しかも新鮮かつ瑞々しく見える。当たり前の事物が、どこか妙に初々しく迫ってくる。何もかもがそれぞれの輪郭をシャープにさせ、色や匂いや音までもがそのありようを明確にしている。夜中に雨が降り、朝になったらきれいに空は晴れ、すると戸外にあるすべてがまるで洗い立てられたかのように艶々と鮮やかに眺められる――そんな印象に近いのだ。それこそ路傍の草花がまことに美しく見える。他人との距離が今までよりも少し離れたような微妙な非現実感も伴っていて、それもまた奇妙な心地よさを覚えさせる。

こんな感覚を味わっているうちに、思い当たったことがあった。

もしかすると誰かがそっと自殺を決意し、その心づもりは秘密にしたまま実行までにはまだ日があるとしたら、その人物にとって眼前の空気はいつしか透明度を増して冴え渡り、世の中は惰性や先入観や倦怠感から解き放たれて何もかもが本来の存在感を取り戻し、今までは意味があると信じていたあれこれの無意味さがありありと立ち上がり、同時に無意味と思っていたもののささやかな価値に気づくのではないのか。すべてが無垢に立ち返って露わとなり、当人の感覚は研ぎ澄まされるのではないか。そしてそれは今わたしが感じている気分にかなり近似しているのではないだろうか、と。

もちろんそれは当方の勝手な思い入れかもしれない。証明することもできない。でも、明らかに通底しているという確信がある。その確信の根拠は、本書を著すという体験からもたらされているのは間違いないだろう。だから自殺する人たちの気持ちを理解できるなどと思い上がったことを言う気は毛頭ないが、やはり我が内面に変化が生じているのは間違いない。

本書の執筆は、晶文社のWeb連載という形でスタートした。一章ずつ、毎月更新となる予定であった。だが途中で連載はストップしてしまう。最初に考えていた構成が上手く機能しないことが判明したり、自殺のことばかり考えていたら自家中毒気味になって意欲が低下したり、資料集めに難航したり等々が原因である。再開の目処が立たぬまま月日は過ぎ去り、わたしも半分あきらめた状態となってしまった。そうなってしまうと、再開のハードルはとんでもなく高くなってしまう。

ところが昨年末に、コロナに罹った。自宅で静養する羽目になり、とにかく喉の痛みと倦怠感で苦しまされた。ソファで横になって天井を眺めているうちに、なぜかこの本のことが罪悪感とともに思い出された。思い出してしまった以上は、しばらくそれに付き合うしかない。ぼんやりと考えを巡らせているうちにどうすれば完成まで持って行けそうか、その方法が急に分かった。天啓という程ではないにせよ、閃いたわけである。這うようにしてデスクに行き、パソコンを立ち上げて執筆再開の目算を立てた。こうして体調を取り戻してからは、連載は中断したままとにかく原稿を最後まで書き上げた。こうなれば連載云々よりも出版が優先する。コロナのおかげで本を完成させられるとは、まったくの予想外であった。コロナ・ウィルスには礼を言うべきなのだろうか。

最初の段階から、辛抱強くわたしを支えてくれた編集者はスナメリ舎の小村琢磨さんである。よくもまあ見放さないでくれたものだ。晶文社では足立恵美さんが担当してくださったが、わたしがぐずぐずしていたせいで定年を迎えてしまわれた。なにしろ連載のスタートが2016年だったのだからそんなことにもなってしまう。呆れた話である。平身低頭して謝るしかない。その後は同社の安藤聡さんが引き継いでくださった。そんな次第で、三名もの編集者を煩わせた。また装丁は寄藤文平さんと垣内晴さんが腕をふるってくださった。ありがたく思うとともに、最後まで本書に付き合ってくださった読者諸氏にも深く感謝をいたします。

この書籍がハウツー本のように役に立つことはないと思うけれど、胆嚢や腎臓に居座る結石のような異物感を精神にもたらすことはありそうだ。それが苦痛ではなく、あれこれと考えを巡らせる刺激やきっかけとなれば嬉しいと思います。

2023年8月5日　澁澤龍彦（1928－1987）の祥月命日に

春日武彦

春日武彦　かすが・たけひこ

1951（昭和26）年、京都府生まれ。日本医科大学卒業。医学博士。産婦人科医として6年勤務した後、精神科医に転進。都立精神保健福祉センターを経て、都立松沢病院精神科部長、都立墨東病院神経科部長、多摩中央病院院長、成仁病院院長などを歴任。現在も臨床に携わる。甲殻類恐怖症で猫好き。主な著書に『不幸になりたがる人たち』（文春新書）、『幸福論』（講談社現代新書）、『無意味なものと不気味なもの』（文藝春秋）、『臨床の詩学』（医学書院）、『猫と偶然』（作品社）、『無意味とスカシカシパン』（青土社）、『奇想版・精神医学事典』（河出文庫）、『鬱屈精神科医、占いにすがる』（河出文庫）ほか多数。

自《じ》殺《さつ》帳《ちょう》

2023年10月15日　初版
2024年 3 月10日　3刷

著　者　　春日武彦

発行者　　株式会社晶文社
東京都神田神保町1-11　〒101-0051
電話　03-3518-4940(代表)・4942(編集)
URL　http://www.shobunsha.co.jp

印刷・製本　中央精版印刷株式会社

ISBN 978-4-7949-7386-3
Printed in Japan